英語の品格

ロッシェル・カップ
Rochelle Kopp

大野和基
Ohno Kazumoto

インターナショナル新書 012

イントロダクション

英語を話せないと評価されないアメリカ

　私は現在、在米日系企業の手助けをするコンサルタントとして活動しています。これまで、アメリカで活躍している日本人の英語に関する問題を様々な角度から考えてきました。

　英語が母語ではない人、特に日本人のように英語と非常に異なる母語をもつ人が、アメリカ、そしてアメリカ人と付き合っていくうえで、難しい局面に立たされることはよくありますが、それにはいくつかの理由があります。

　まず、アメリカは言葉に重きを置く社会です。子供のころから、アメリカ人は言葉でのコミュニケーションのトレーニングをたくさん受けてきています。幼稚園ではshow and tellという実習があって、子供たちは何かを家からもってきて、みんなの前に立ってそれを見せて（show）、内容を説明します（tell）。そのような訓練を経て、人前で発表することに慣れていくのです。そんなに小さな子供のときからです！

　そして学校に入ると、教室でのディスカッション、論理的な文章の書き方、さらにディベートなど様々な教育を受けます。このような長年の積み重ねがあって、

アメリカ人は少しずつ自己表現力を身につけていくのです。彼らの多くは、考えていることをすらすらと言葉にして表現するのはごく当たり前のことで、誰でもできるはずだと思い込んでいます。そのため、英語が流暢(りゅうちょう)に出てこない人（例えば日本人）がいると、その能力を厳しく評価してしまう傾向があります。要するに、話が上手ではない人は、普通のアメリカ人からは能力が足りないと判断されてしまうのです。

　また、アメリカの大学入学試験で、語彙(ごい)力は非常に大きな割合を占めています。そのため、どれほど洗練された難しい単語を使っているかが、その人の教養レベルや知的レベルの指標になっています（オバマ前大統領の話し方が格調高いと評価された理由の１つは、難しい言葉を数多く正しく使っていたことにあります）。

　アメリカが移民国家であることも、日本人がアメリカ人と付き合ううえでハードルとなり得ます。その歴史的背景から、アメリカ人は無意識に外国人をみな、「移民」として見ていて、英語を覚えるだろうと期待することになります。要するに、アメリカへ来たなら、英語を上手に話せるようになるべきだという考えをもっているのです。

　同時に、アメリカの学校における外国語教育は、あまり充実していないので、ほとんどのアメリカ人は外国語を身につけられません。そのため、外国語を話す難しさを十分理解できないし、英語を母語にしない人

の立場に共感できないのです。結果として、相手が外国人であっても、英語のレベルが高いか低いかでその人を判断するので、英語が上手でなければ、その人自身の評価が下がってしまうことがあるのです。

　要するに、アメリカ人は誰もが自分の考えをすぐに言葉（英語）に表せると期待しているので、相手が使っている言葉に非常に敏感になります。そのため、日本人がアメリカ人に対して話すとき、もし幼稚な表現や品のない言い回しを使うと、アメリカ人はそれを外国人だからと大目に見るのではなく、聞いたままに解釈してしまう傾向が強いのです。私はこういったことが原因の、様々な誤解や軋轢（あつれき）をこれまでたくさん見てきました。

間違った英語で取り返しがつかなくなることも

　例えば、在米日本人駐在員がアメリカ人顧客に対して、日本人的な発想に基づいた直訳調の英語のメールを送り、それを受け取った顧客はそのメールの内容をネガティヴに受け止め、その日本企業との取引を中止するという事態が生じたことがありました。その後、その顧客との関係の再構築には、１年以上かかってしまったそうです。

　あるいは、言葉の使い方が原因で、アメリカ人の部下が日本人上司の言っている意味を誤解して、ハラス

メントを受けたと思い込んで訴訟を起こしたという例もあります。

これほど大きなトラブルにはならなくても、英語を原因とする問題は、外国人と接触している日本人にとって日常的な頭痛の種です。そのうえ、自分で気づいていなくても、使った英語表現がもとで、相手の心の中に否定的な感情が芽生えてしまい、お互いの関係に大きな影響を与えてしまう恐れがあるのです。

こういった話をすると、多くの日本人は緊張して、外国人との会話や文通を極力避けたくなるようです。しかし、それは成功に通じる道ではありません。なぜかというと、ビジネスにしても人間関係にしても、コミュニケーションは不可欠なものだからです。また、本書で何回も強調しますが、語学の上達にはネイティヴ・スピーカーを相手にした実際の練習が必要です。

では、どうやったら、英語を積極的に使いながら間違いや軋轢を防げるでしょうか。まず重要なのは、多くの日本人が英語や英語習得に関してもっている誤解を解くことです。要するに、先入観を捨てて何が本当に重要なのかを認識することです。そのために本書では、日本人があまり知らない英語の特徴——間接的な表現、単語力をつける方法、ネイティヴらしい特別な文法構造、丁寧な決まり文句、社会的ルールを守った言葉の選択——を紹介します。

そして、これらの特徴を理解したときに身につく「英

語の品格」をさらに上げるために必要なことを紹介し、話し方や文章にそれらを活かす方法を一緒に考えます。

「品格のある英語」でよりよいコミュニケーションを

　私の母語が英語だったのは、非常に幸運なことでした。なぜなら、英語はとても複雑で覚えにくい言語だからです。様々な言語が混じり合ってできたものなので例外が多く、一貫したルールが少ないのです。そして、多くの単語の綴りは暗記以外に覚える方法はありません（アメリカの小学生もとても苦労します）。とにかく本当に難しい言語ですので、外国語として覚える必要がなくてよかったと思います。

　ただ、英語は単に難しいだけではなく、明確でありながら、微妙なニュアンスを伝えることもできるので、コミュニケーションにはうってつけの言語だということも強調しておく必要があります。英語が世界のビジネス言語になったのは偶然も作用したとよく言われていますが、柔軟で応用性があるからこそ世界中の人々に話されるようになったことも忘れてはいけないと思います。

　日本には、「英語はストレートな言葉で、大雑把な表現が多い。繊細さや品の良さとは程遠い言語だ」というような「伝説」が存在することは知っています。時々、その伝説をわざわざ実践しているような人に遭

遇することもあります。とても流暢に英語を話せるのに、私の気分が悪くなってしまうような品のない英語を使う人に出くわすこともあるのです。

　この本を手に取った方の英語のレベルは様々でしょうが、「英語なんて通じればいい」などと考えている人はいないと思います。本書では、相手の気持ちを 慮 (おもんぱか) りながら、スムーズなコミュニケーションを実現するための表現をたくさん紹介しています。

　最初はたどたどしくとも、上品で丁寧な英語の習得を目指すべきです。単に流暢にペラペラ喋ることが目的ではないのです。それがタイトルの「英語の品格」を実践していることにつながると思います。

　本書は、長年の友人である国際ジャーナリストの大野和基と、数年にわたり何度も細かい打ち合わせをして書き上げた一冊です。（一部の個人的な内容を除き）「私は」と一人称を用いて記してありますが、2人で内容を吟味した結果、お互いの考えが完全に混ざり合った結果だと考えていただければ幸いです。

　いつの日か、みなさんと「品格の高い英語」でお話しできる日を楽しみにしています。

　　　　　　　　　　　　2017年7月　ロッシェル・カップ

目次

イントロダクション　ロッシェル・カップ　　　3

第1章
日本人英語の非常識
ネイティヴが驚く不自然な英語を正す　　　13

ネイティヴが聞いてビックリする表現／pleaseをつけると常に丁寧な言い方になるのか？／英語は日本語よりもストレートな言語である、という誤解　a.「できない」「したくない」ことを伝えたい場合／b. 賛成できないことを伝えたい場合／c. noやnotは非常にきつい拒絶の言葉／d. mustは脅迫的に聞こえる／e. youを主語にして相手を批判すると個人攻撃になる／f. whyを使って理由を聞くと非難がましい／様々な依頼の仕方／policyを使ってさりげなく依頼・命令を行う／Would [Do] you mind if ...?を使って許可をもらう／無理なお願いをする方法／できないことを伝えたい場合のコツ――「ハンバーガーの公式」／賛成できない場合／同感の意を伝えたいとき／アメリカ社会の構造を知る必要性

第2章
自然な英語を目指して
語感から理解する本物の英語　　　47

自然な英語とは何か？／日本語の発想をそのまま英語にし

ない／リンスは英語ではない——単語レベルでの間違い／getだけでいいのか？——洗練された単語を使いこなす／日本の擬態語や擬声語をどう表すか？　例1:「歩く」の場合／例2:「笑う」の場合／例3:「驚く」の場合／例4:「怒っている」の場合／英単語のイメージをつかむ／差別や軋轢を防ぐための中立的な表現／語彙を増やす方法　a. 言葉のニュアンスを深く知るための辞書活用法／b. 類語辞典(thesaurus)を使う／c. 微妙なニュアンスを出す句動詞を覚える／d. 洗練された表現や単語を使う

第3章
品のある英語に仕上げるためのスパイス

ビジネス実践編1

spell it (all) outの重要性　例1:問題を指摘するとき／例2:ミスの注意／例3:謝罪するとき／短くぶっきらぼうではなく、完結した文章で会話するのが大切　a. 飲み物を注文するとき／b. ホテルでチェックアウトするとき／c. タクシーを呼ぶとき／d. 試着したいとき／e. プレゼントを包んでほしいとき／f. プレゼントを渡すとき／What if ...? を使いこなす／提案の方法／仮定法を使いこなす／ネガティヴなニュアンスの強い単語を使うと品格が下がる／客観的な言い方をする／疑問文を平叙文で言うと品格が上がる／表現を和らげることは品格につながる／英語で「本音」と「建て前」にあたるものはあるか？／英語の「建て前」と「本音」——実例編

第4章
品格のある英語で
好感度を上げるコツ
ビジネス実践編2   135

話しにくいことを切り出す方法／本題に入りたいとき／言い換えたい場合／「……ということにしましょう」と言いたい場合／急ぎではないと伝える場合／急ぎたい場合／確認の仕方／ゆっくり話してもらいたいとき／話の脱線を指摘したいとき／「また会いましょう」「ご無沙汰しております」と伝えたいとき／気の利いた表現で会話を豊かにする／うまくいかなかったときの英語／noを使わない否定／プライバシーについて／間違えたと思ったときに言い直す方法／なんとかします／「明日までに仕上げよ」と言われて、できそうにないとき／「今日はこれでおしまいにしましょう」と言いたいとき／感謝の表し方／成果を上げたときにほめる表現／ほめられたときの答え方／「昇進祝い」はどう言うか？／「がんばって」をどう言うか？／仲間内での挨拶／品のない英語への対策／話題を変えたいとき／交渉のための英語／値段の交渉をしたいとき／クレーム(complaint)のつけ方／学歴を聞くには／出身地の聞き方／名前の由来を聞けるか？／立食パーティの英語／お悔やみの表現と手紙

あとがき 大野和基   185

第1章

日本人英語の非常識

ネイティヴが驚く不自然な英語を正す

本書を手に取った方は、pleaseやmustやwhyなどの英語は使いこなせていると思っているでしょう。しかし、ネイティヴ・スピーカーは、これらの基本単語を使った日本人の表現に驚かされることが多いのです。この章では日本人が考える英語の常識と自然な英語表現との間のギャップについて考えてみます。

ネイティヴが聞いてビックリする表現

　読者のみなさん、ちょっと質問させてください。以下の英語表現を聞いてネイティヴ・スピーカーがどのような印象を受けるか、お分かりになりますか？

1. 病気で会社を休んでいる人に電話をかけて、
   Please get well.
2. アメリカ人が自分の家に来たときに、
   Please take off your shoes.
3. アメリカ人に何か提案されて、それを断るときに、
   We cannot do it now.
4. 相手の考えに賛成できないときに、
   I disagree with you.
5. 誤解が生じてほしくないときに、
   I really don't want to have a misunderstanding.
6. 「明日までにこれをしなければなりません」と言いたいときに、
   You must do this by tomorrow.
7. 「あなたは間違いを犯しました」と言いたいときに、
   You made a mistake.
8. 「なぜここに来たのですか？」と聞きたいときに、
   Why did you come here?

　英語としてはどれも間違っていないので、これでい

いのではないか、という読者もいるでしょう。しかし、このように言われたアメリカ人はいい気持ちはしません。日本人が正しいと思っている英語が実際にはネイティヴにはどのように聞こえるのか、それぞれ説明しましょう。

pleaseをつけると常に丁寧な言い方になるのか？

　日本人が英語について勘違いしている例はたくさんありますが、その1つがpleaseの使い方です。人に依頼するとき文頭にpleaseをつければ、どんな場合でも丁寧になると思い込んでいる日本人が多いように思われます。

　1つ目の例文ですが、病気で会社を休んでいる人に電話して、
　◆ Please get well.
と言うと、ネイティヴにはどのように聞こえるでしょうか。「どうか早くよくなってください」という意味になると思っている日本人が多いのではないでしょうか。実はこれは「早く仕事に戻ってよ！」というような圧迫感のある命令口調に感じられてしまうのです。「早く回復してほしい」という気持ちを伝えるには、
　◆ I hope you feel better soon.
と言えばいいのです。決して難しい表現ではありません。pleaseは必ずしも丁寧に聞こえるとは限りません。

場合によって失礼にあたることもあるのです。

最近は靴を脱ぐところが増えてきてはいますが、ご存知の通り、アメリカでは家の中でも土足が一般的です。そのため、訪問客に靴を脱いでほしい場合は、それをはっきりと頼む必要があります。お客様に失礼がないように靴を脱いでもらいたいとき、あなたならどんな言い方をしますか？ 2つ目の例文のように、

◆ Please take off your shoes.
（靴を脱いで）

と言うとこれも不躾(ぶしつけ)に聞こえてしまいます。以下のような言い方が丁寧な表現です。

◆ I would appreciate it if you would take off your shoes.
（靴を脱いでいただけるとありがたいです）

◆ Would you mind taking off your shoes?
（靴を脱いでいただけませんか？）

I would appreciate it if you ...（……していただけるとありがたいです）は丁寧に頼みたいときに非常に便利な表現です。It would be appreciated if ... はそれを受動態にした表現で意味は同じです。appreciateを用いた表現はよく使われるので、第4章でもまた説明します。

英語は日本語よりも
ストレートな言語である、という誤解

ⓐ「できない」「したくない」ことを伝えたい場合

　ビジネスの世界でも、ジャーナリズムの世界でも、相手に何かを依頼して断られてしまう状況には数多く遭遇します。しかし、ネイティヴは断るときに、3つ目の例文のように、

　　◆ We cannot do it now.
　　　（今それはできない）

や、

　　◆ I do not want to do it now.
　　　（今それをしたくない）

というようなストレートな言い方をめったにしません。普通は、

　　◆ I would rather not do it now, maybe later.
　　　（今それをするのはやめておきます。あとでやるかもしれません）
　　◆ I'm sorry but it is not possible given my schedule.
　　　（申し訳ありませんが、私のスケジュールからすると可能ではありません）

というように丁寧な表現で断ります。

　繰り返しになりますが、日本では「**英語はストレートな言語である**」と思い込んでいる人が多いようです。

しかし、必ずしもそうではありません。社会的地位が高い人や能力のある人ほど間接的で婉曲な表現を使います。丁寧に断るには状況に応じて次のような表現があります。

- I'm afraid that we cannot accept your offer at this time.
  (恐縮ですが、今のところあなたの提案を受け入れることはできません)
- Unfortunately, it would be too difficult to make it happen.
  (残念ながら、それを実施するのは難しすぎます)
- We don't think that it's feasible.
  (それが実現可能だとは思えません)
- It doesn't seem possible to do with our current resources.
  (現在のリソース［経営資源］では、それは無理のようです)
- It requires more expertise than we possess.
  (我々がもっている以上の専門知識が必要とされます)
- We need to take a pass on this one.
  (今回は遠慮させてください)
- That's a tall order, more than we can handle.
  (それは我々ができる範囲を超えた難しい注文です)

◆ That's going to be a tough sell in my organization. I'm sorry, but I just don't think it's possible.
（私の組織にそれを売り込むのは難しいでしょう。申し訳ありませんが、可能ではないと思います）

❺ 賛成できないことを伝えたい場合

相手の提案や意見に賛成できない場合、もちろんそれをはっきりと伝えることは重要です。しかし、4つ目の例文のように、

◆ I disagree with you.
（賛成できません）

というようなストレートな表現は、実際はあまり使いません。相手の気持ちを傷つけないようにするためには次のような表現があります。

◆ I have a different opinion.
（違う意見をもっています）

◆ I have a different view about this.
（これに関して、違った見解をもっています）

◆ I have a different point of view.
（これに関して、違った視点で見ています）

◆ I'm thinking of it in another way.
（違った考え方をもっています）

さらに次のように言うと、相手は気持ちよく話を進めようとするでしょう。

◆ I'm not sure that's the best approach. Let's

discuss it some more.
(それが最善の方法かどうかよく分かりません。もっと話し合いましょう)
- I have some concerns about that approach.
(その方法に関して、いくつか懸念があります)
- I think we need to give it some further thought.
(それについてさらに考える必要があると思います)
- I might have some trouble supporting that.
(それはちょっと支持しがたいです)

● noやnotは非常にきつい拒絶の言葉

「アメリカ人はストレートな表現を好むので、断るときにNo.と言えばいい」と勘違いしている日本人は多いと思います。

例えば、「どうしても誤解が生じてほしくありません」と言いたいときに、5つ目の英文のように、
- I really don't want to have a misunderstanding.
とストレートに言うよりも、
- The last thing I want to do is to have a misunderstanding.
(誤解だけは避けたいと思います)
- Let's be sure to avoid any misunderstandings.
(誤解を避けるように気をつけましょう)

というように言ったほうが丁寧な表現です。noやnot

を使わないほうが表現がやわらかくなり、相手の感情を苛立たせません。たとえnotを使う場合でも、
◆ I wouldn't do that.
（私ならそうはしません）
とwouldを使えば、丁寧になります。また、
◆ I would do it differently.
（私なら違うやり方をします）
という表現を使うとnotを使わなくても同様のことが言えます。

ⓓ mustは脅迫的に聞こえる

need to、should、must、have to、had betterは「……する必要がある」や「……するべき」という意味をもつ言葉ですが、ニュアンスの強さが大きく異なります。しかし、それを正しく使い分けていない日本人が多いようです。これらの単語を間違って使うと、とても失礼なことになりかねません。

日本の学校でよく教えられるhad betterやmustは「絶対にしなければなりません！」という脅迫的な響きがあり、大人同士ではほとんど使いません。

例えば、「明日までにこれをしなければいけません」と言うときは、6つ目の例文のように、
◆ You must do this by tomorrow.
や、
◆ You had better do this by tomorrow.

ではなく、

◆ You need to do this by tomorrow.

が適切です。

◆ You should do this by tomorrow.

でも間違いではありませんが、shouldはやや強すぎます。これらの単語を強さの順に並べると次のようになります。

must ＞ have to ＞ had better ＞ should ＞ need to

need toが一番ソフトな言い方なので、他人に対して使う場合は最も適切です。ただし、自分の意思で「……しなければならない」という場合は、have toやshouldを使うこともよくあります。例えば、

◆ I should hurry.

（急がなきゃ）

◆ I have to do my homework tonight.

（今夜宿題をやらないと）

のように使います。

ここでは「……する必要がある」と言う場合にneed toを使うのが最も丁寧であるということを説明しましたが、「……が欲しい」という場合にneedを使うとわがままに聞こえてしまうので気をつけましょう。

例えば、レストランでコーヒーのおかわりを頼みたい場合、

◆ I need more coffee.

（コーヒーをもっと欲しいです）

と言うと、催促がましく聞こえます。より洗練された言い方には次のようなものがあります。

◆ I would like some more coffee, please.
（コーヒーをもっといただけませんか？）
◆ May I have a refill?
（おかわりをお願いできますか？）
◆ When you have a chance, I'd like some more coffee.
（機会があったらコーヒーをもう少しください）
◆ Could you freshen up my cup?
（新しく入れ直していただけませんか？）［まだ残っているのに入れ直してほしいときに使います。ファミリーレストランのようなカジュアルな場所で使うことがほとんどです］

また、誰かの家に招かれた際、コーヒーのおかわりをお願いする場合は次のように頼みます。

◆ I wouldn't mind a little more coffee.
（コーヒーをもう少しいただければうれしいです）
◆ Do you have any more coffee?
（［コーヒーポットには］まだ残っていますか？）

ちなみに、カフェで、

◆ I would like a café latte and this cake.
（カフェ・ラテとこのケーキをいただきたいのですが）

のように注文すると、店員が、

第1章　日本人英語の非常識　　23

◆ <u>Did</u> you want this cake?
 (欲しいのはこのケーキですか？)

と**過去形**を使って聞き返すことがよくあります。日本語の発想から言うと「昔欲しかった」のではなく「今欲しい」のだから、

 ◆ Do you want this cake?

ではないかと疑問に思うかもしれません。しかし、このような場合には過去形を使うことが一般的です。今ケーキを欲しくても、欲しいと思いついたのは「今この瞬間」ではないからです。似たようなケースに、

 ◆ I wanted to let you know ...
 (……についてお知らせしたいです)

があります。これも、知らせたいことを最初に思いついたのは今ではないので過去形を使います。

ⓔ youを主語にして相手を批判すると個人攻撃になる

7つ目の例文の

 ◆ You made a mistake.

のようにyouを主語にして批判をすると、相手を攻撃しているかのように思われてしまい、相手は防御的な反応を示すかもしれません。Iを主語にすれば、「自分はこのように感じます」という主観的なニュアンスになり、相手を個人攻撃しているわけではないことを強調できます。以下に、具体例を挙げてみましょう。

 ◆ You are doing a terrible job.

（あなたはひどい仕事をしています）
→ I am concerned about the quality of your work.
（あなたの仕事の質が気になります）
◆ You are annoying me.
（あなたは私を苛立たせます）
→ I am feeling annoyed.
（私は苛立ちを感じています）
◆ You made a mistake.
（あなたは間違いを犯しました）
→ I found a mistake.
（間違いを見つけました）
→ I found what seems to be a mistake.
（間違いらしきものを見つけました）
◆ You're not telling me what's going on.
（あなたは今起こっていることについて、私に十分知らせていません）
→ I feel left out.
（取り残されているように感じます）
◆ You're ignoring me.
（あなたは私を無視しています）
→ I feel ignored.
（私は無視されているように感じます）
◆ You are always late.
（あなたはいつも遅いです）

→ I feel stressed when you are late.
（あなたが遅れてくるとストレスを感じます）
◆ You don't help me enough.
（あなたは私を十分手伝ってくれません）
→ I feel like I need more support from you.
（あなたからのサポートがもっと必要だと感じます）
◆ You are too loud.
（あなたはうるさすぎます）
→ It makes me uncomfortable when you speak loudly.
（あなたがそんなに大きな声で話すと、私は居心地が悪くなります）

❶ whyを使って理由を聞くと非難がましい

「なぜ……なのですか？」とたずねるとき、ほとんどの日本人はwhyを使って、最後の例文のように、

◆ Why did you come here?

のように言ってしまいがちです。しかし、whyには「なんでそんなことをしたの？」というニュアンスがあるため、非難がましく聞こえることがあります。次のようにwhyを使わない言い方をすると、相手の非を追及しているのではなく、客観的に理由をたずねているように聞こえます。

◆ Why do you say that?

(なぜそんなことを言うのですか?)［非難がましい］

→ What makes you say that?
（直訳：どんな理由によってそれを言ったのか?）［客観的］

◆ Why did you come here?
（なぜここに来たのですか?）［非難がましい］

→ What brought you here?
（直訳：あなたをここに運んできた理由は何ですか?）［客観的］

◆ Why did it happen?
（なぜそんなことが起こったのですか）［非難がましい］

→ How did it happen?
（直訳：それはどうやって起きたのですか?）［客観的］

様々な依頼の仕方

ここまで読んでいただいた方には、英語が決してストレートな言語ではなく、よく知られた単純な表現でもよく考えずに使うと、相手が不快な気持ちになりかねない、ということが分かっていただけたと思います。それではもう一歩進んで、さらに様々な表現を考えてみましょう。

何かを依頼するときに、相手に快諾してもらうためには、丁寧な表現を使ったほうがいいことは言うまでもありません。

　日本人が最もよく使う表現はPlease ... ですが、これについては先ほど述べたように注意が必要です。「どうか……をお願いいたします」の意味で使っているのかもしれませんが、ひとつ間違えると命令口調に聞こえてしまいます。なぜかというと、部下や目下の者に対して依頼や注意をするとき、英語ではPlease ... を使うことが多いからです。例えば、上司が部下に対して、

◆ Please make a copy of this.
　（これをコピーしてください）

と言ったり、先生が生徒に対して、

◆ Please be quiet!
　（静かにしてください！）

と言うと、言われた側が拒否できない雰囲気が醸し出されます。圧迫感があり、命令的なニュアンスになってしまうのです。

　では、丁寧に依頼するにはどのような表現があるのでしょうか。先ほどはappreciateを使った表現を紹介しましたが、そのほかにも次のような表現を使って丁寧に依頼することができます。ネイティヴが日常的に使う表現です。

◆ <u>Could you possibly</u> plan to get here before 3 pm?

(午後3時前に到着するように計画<u>していただく</u>
<u>ことは可能でしょうか？</u>)
◆ <u>Would you be able to</u> stop by our office when you are in Tokyo next?
(次回東京にいるときに、私たちの事務所に寄っ
ていただくことはできますか？)
◆ <u>Could I trouble you to</u> take this to the post office for me?
(<u>ご面倒をおかけしますが</u>これを郵便局にもって
きていただけませんか？)
◆ <u>Would it be possible to</u> meet you while we are in New York?
(私たちがニューヨークを訪問している間に、お
会いすることは<u>可能でしょうか</u>?)

policyを使ってさりげなく依頼・命令を行う

また、相手に失礼がないように頼む場合、policyと
いう単語が大変便利です。これを使うと、相手は個人
的な話ととらえないので、「なんで私にそんなことを
させるの？」といった抵抗を感じないからです。

例えば、

◆ It's our policy that all guests must remove their shoes when entering the temple.
(お寺に入るときは靴を脱がなければいけないと

いう決まりです)

と言うと、あなたの意思で「靴を脱いで」とお願いしているのではなく、「決まりだから脱いでください」とお願いしていることになります。先ほどmustは脅迫的なので普段あまり使わないと指摘しましたが、この場合は「決まり」について言及しているので有効です。

　policyと言うと、相手の人にだけではなく、すべての人に平等にお願いしているという意味になります。つまり、相手にだけ「……しないで(もしくは……して)」と無理を言っているのではなく、「客観的かつ公平な決まり」に基づいて頼んでいることになるのです。そのため、平等を重んじるアメリカ人にとって受け入れやすくなります。

「ポリシー」とカタカナで書くとかなり硬い印象がありますが、英語でも少し硬い表現です。government policy(政府の方針)などがその例ですが、しかし、その硬さには客観性が感じられます。

　自分の家に人を招いて同じことを言う場合でも、house rule(この家の決まり)という表現を使うと、相手の感情を害することはありません。

　◆ It's our house rule that we ask everyone to take off their shoes.
　　(みなさんに靴を脱いでもらうのが、この家の決まりです)

また、以下のような言い方も考えられます。

- Wearing shoes is not allowed in the temple.
  (お寺の構内で土足でいるのは禁止されています)
- Removing your shoes is required when entering the temple.
  (お寺に入るときは、靴を脱ぐことが義務づけられています)
- Everyone leaves their shoes here when they enter the temple.
  (お寺に入るときは、みな靴をここに置くことになっています)

everyoneを使うと「あなたを例外にしません」や「あなたもしなければならない」ということを意味します。

Would [Do] you mind if ... ? を使って許可をもらう

相手の許可を得ようとするときに、日本人が真っ先に使う英語はMay I ... ? です。これはもちろん正しい表現ですが、実はネイティヴはあまり使いません。その代わりに次のような表現を使うと、丁寧かつ自然で品格ある表現になります。

- Would it be alright if I took a bottle of Coke?
  (コカ・コーラを1本いただいてもよろしいでしょうか？)
- I would like to take a bottle of Coke. Would

that be alright?
（コカ・コーラを1本いただきたいのですが。よろしいでしょうか？）

◆ Would you mind if I took a bottle of Coke?
（コカ・コーラを1本いただいてもよろしいですか？）

◆ Would it be any problem if I took a bottle of Coke?
（コカ・コーラを1本いただいても大丈夫ですか？）

◆ Do you mind if I take a bottle of Coke?
（コカ・コーラを1本いただいてもかまいませんか？）

このWould [Do] you mind if ... ?は、実際の会話でネイティヴが最もよく使う表現の1つです。一見カジュアルに聞こえますが、品のある表現です。wouldを使う場合は、いわゆる仮定法過去の用法ですので、if以下が過去形になります。doの場合は、現在形を用います。

カジュアルになると、Do youを取って、Mind if ... ?となります。ここで気をつけたいのは、このmindは「気にする、嫌がる」という意味なので、「どうぞ」と言いたいときは否定形で答えなければいけないということです。日本人が「どうぞ」の意味でYes.と答えているのをよく見かけますが、これでは、「気にします、嫌です」と言っていることになります。正しい答え方は、

◆ Not at all.

（全然気にしません）
- No, go ahead.
   （いいえ、どうぞ）

です。また、

- Mind if I smoke here?
   （ここでタバコを吸ってもかまいませんか？）

という表現もあります。ここで、

- It's no problem for me to smoke here, is it?
   （ここでタバコを吸っても問題ないですよね？）

と言うと、似たように聞こえるかもしれませんが、おこがましく失礼な感じがします。この表現では問題がないことを想定しているように思われるからです。相手にNo.と言わせないようにしているみたいに聞こえるのです。

ちなみに、Mind if I smoke here?と聞かれ、タバコを吸ってほしくないときには、

- I would appreciate it if you didn't.
   （吸わないでいただければありがたいです）
- Actually, I do mind. I'm allergic to cigarette smoke.
   （実は、困ります。タバコに対するアレルギーがあるからです）
- Actually, smoking is not allowed in this building.
   （実は、このビルは禁煙です）

というように言えばいいでしょう。

無理なお願いをする方法

　普段しないようなお願い、または無理を言ってお願いをする場合、次に挙げる表現が役に立ちます。

◆ Is there any possibility that we could switch our meeting to Tuesday?
（打ち合わせを火曜日に変更してもらえる可能性はありますか？）

私の経験でも、先に決まっている顧客との打ち合わせの日時を変更してもらうときに、同じような表現を使いますが、相手が快く受け入れてくれることが多いです。同様の表現で、レストランで使えるものも紹介しておきます。

◆ Is there any way that I could have tomatoes instead of cheese?
（チーズの代わりにトマトにしてもらうことはできますか？）［メニューにある料理の一部を変えてもらうとき、このような言い方をすると効果的です］

◆ Would it be possible to have tomatoes instead of cheese?
（チーズの代わりにトマトにしてもらうことは可能ですか？）

◆ Would you be able to give me tomatoes instead of cheese?
（チーズの代わりにトマトにしてもらうことはで

きますか?)

できないことを伝えたい場合のコツ
―― 「ハンバーガーの公式」

何かを頼まれたが、それに応えられないことを伝えたい場合、

◆ We can't do it.

ではストレートすぎることは先ほど説明しました。そう言われた相手は気分を害するかもしれません。

ただ英語では、日本語の婉曲的表現のように、**言葉をにごしたり、曖昧な言い方をすることはありません**。英語で大切なことは、丁寧さと分かりやすさのバランスです。失礼がないように相手に気を配った婉曲的表現を使いつつ、誤解がないようにはっきり伝える必要があります。

そういったバランスをとるコツは、「ハンバーガー」のような表現を使うことです。肝心な言いたいことがハンバーガーの具(meat patty=ミート・パティ)だとすると、それを挟むソフトな表現はバン(bun=ハンバーガー用の丸いパン)です。このバンの部分が非常に重要で、それによって品格が決まります。ただし、肉とバンだけではまだ味気がありません。ケチャップや野菜が必要ですね。そこで、

◆ I'm afraid that ...

(恐縮ですが……)
◆ Unfortunately, ...
(残念ながら……)
◆ I'm sorry to have to tell you, ...
(こんなことを言わなければならないのは恐縮ですが……)

といった適切なニュアンスを加えるための調味料——マヨネーズやケチャップ——を付け足します。最後に、先述したように、外国人は理屈好きというのを踏まえて理由を具体的に説明します。ハンバーガーの中では、レタスとトマトがその役割を果たしています。これでおいしいハンバーガーの完成です。

それでは「ハンバーガー」の具体例を見てみましょう。例えば、自分の会社に「外国の会社から無理な提案」が入ったとしましょう。日本的な曖昧な表現で言えば、

◆ That would be rather difficult.
(それはちょっと難しいです)

で十分伝わると思うかもしれませんが、それだけでは明確に断ったことにはならず、外国人の誤解を招きます。逆に、ただ、

◆ We can't do it.
(できません)

とだけ言うと、ストレートすぎて失礼な感じがします。これをハンバーガー方式で表現すると次のようになり

ます。

● バン

　まず、最初に何かポジティヴなことを言ってソフトなニュアンスにします。例えば、

- Thank you for giving us this interesting proposal.
  (この興味深い提案書を提出していただき、ありがとうございます)
- We appreciate your proposal.
  (提案書をありがとうございます)
- Thank you for sharing this proposal with us.
  (この提案書を提供していただき、ありがとうございます)

● **調味料**

　ここでは、否定的な回答をしなければならないという残念な気持ちを伝えるために、以下のような表現を付け加えます。

- It's too bad, but ...
  (お気の毒ですが……)
- It's a shame, but ...
  (残念ですが……)
- Unfortunately, ...
  (残念ながら……)

- ◆ I wish I didn't have to tell you this, but ...
  (こんなことを言わなければならないのは恐縮ですが……)
- ◆ I'm afraid that ...
  (恐縮ですが……)
- ◆ I'm sorry to have to tell you, ...
  (こんなことを言わなければならないのは恐縮ですが……)

● ミート・パティ

ここでは、否定的な回答の内容をはっきりと伝えます。例えば、こう言えばいいでしょう。

- ◆ We are going to have to miss this opportunity.
  (この機会を逃さなければなりません)
- ◆ This isn't something that we are able to do.
  (これは私たちができるものではありません)
- ◆ We aren't going to be able to pursue this.
  (これを追求できません)

● レタスとトマト

この段階では、否定的な回答の理由を説明します。相手を気遣って隠そうとするよりも正直に言ったほうが効果的です。論理的な説明であれば、相手は納得してくれるでしょう。例えば、こういう理由があります。

- ◆ ... because we don't have enough budget.

（予算が不十分だからです）
- ... because it doesn't fit in with our strategy.
  （当社の戦略とマッチしないからです）
- ... because we are focused on other priorities.
  （ほかの優先事項に重点を置かなければならないからです）

●バン

最後に、もう一度やわらかいバンをのせることによって、良い雰囲気で終わり、完璧なハンバーガーになります。ここでは、「次の良い機会を待っている」など、何かポジティヴなことを言いましょう。

- We look forward to getting other proposals from you in the future.
  （これからもまた提案書をいただくことを楽しみにしております）
- Even though things didn't work out this time, please let us know if you have any other interesting proposals.
  （今回はうまく行きませんでしたが、また何か面白そうな提案がありましたらぜひ教えてください）
- We look forward to continuing our good relationship with your firm.
  （これからも御社と良い関係を続けることを楽しみにしています）

上記の例文を組み合わせて、簡単な断り状を作ってみます。

◆ Thank you for giving us this interesting proposal. Unfortunately, we are going to have to miss this opportunity because it doesn't fit in with our strategy. We look forward to continuing our good relationship with your firm.

これを例文としてストックしておけば、ビジネスの多様な場面で応用が利くはずです。

賛成できない場合

　相手の提案や意見に賛成できないときに、それをはっきりと伝えることは必要です。しかし、

◆ I disagree with you.
（賛成できません）

◆ I can't agree.
（同意できません）

◆ That won't work.
（それは受け入れられません）

というようなストレートな言い方はあまりしないことは先ほど述べました。

　相手の意見や提案に全面的に反対しているわけではなく、それに伴う困難から賛成できないとき、次のように言うと角が立ちません。

- I anticipate some difficulties implementing that approach in our organization.
  (当社の組織でその方法を実行するには、いくつかの困難が伴うと予想しています)
- I'm not sure that I can convince my colleagues to get behind this.
  (これを支持するように同僚を納得させることができるかどうか、あまり自信がありません)
- This might be a tough sell to Japanese customers.
  (これを日本人顧客に売り込むのは難しいかもしれません)
- I anticipate some push-back if I suggest this in my company.
  (私の会社でこれを提案すると社員の抵抗があるだろうと思います)

どうしても意見が合わず、これ以上議論しても仕方ないと思ったときは、

- Let's agree to disagree.
  (意見が合わないことを認めましょう)

と前置きして、次にように言えばいいでしょう。

- Let's table this topic for the time being.
  (とりあえずこのトピックは棚上げにしましょう)
- Let's revisit this topic another time.
  (このトピックをまたの機会に話しましょう)
- I'd like to come back to this topic later and

discuss it more then.
(またあとでこのトピックに戻って、そのときにもっと話し合いたいと思います)
◆ I don't think we can reach agreement on this right now. So let's set a time to talk about it again later.
(これに関して今は合意に至ることはできないと思います。また今度話し合う時間を設けましょう)
◆ It's clear that we have different ideas about this. Let's both think about it more and meet again to explore it further.
(これに関して考え方が違うのは明らかです。お互いにもう少し考えてから、もう一度会って話し合いましょう)

同感の意を伝えたいとき

逆に「まったく同感です」と賛成や支持の意を示したい場合でも、いろいろな言い方があります。この場合は、ストレートに、
◆ I agree with you.
と言っても失礼にはあたりませんが、状況によっていろいろな言い方を使い分けると品格が一層上がります。
◆ I can't agree with you more.
　(「これ以上同意できないほど同意している」ので

すから、「まったく同感」という意味になります。非常によく使います）

◆ I definitely agree with you.
（まったく賛成です）
◆ I agree with you wholeheartedly.
（心から賛成します）
◆ I'm in 100% agreement.
（100%賛成です）
◆ I agree with you completely.
（完全に賛成です）
◆ My thoughts exactly.
（私もまったく同じように考えています）
◆ We are on the same page.
（私たちの考え方は一致しています）
◆ I share your opinion.
（私も同意見です）
◆ I second that.
（同感です）

このsecondは当然動詞です。アメリカで広く使われているロバート議事法（Robert's Rules of Order）という議事進行規則では、誰かからmotion（動議）が出された場合は、それに賛成するという意味で、

◆ I second that.

と答えます。この表現はやがて「賛成」を意味する言い方として一般の会話でも使われるようになりました。

ちなみに相手の意見を求めるときも様々な言い方があります。
- What do you think about this?
（これについてどう思いますか？）

はもちろんよく使う言い方ですが、
- What is your take on this?
（これに関してどんな見解ですか？）

もよく使います。また以下のように疑問文を使わない表現もあります。
- I'd like to hear your opinion about this.
（これについてあなたの意見をお聞きしたいです）
- Please share your thoughts on this.
（これについてあなたの考えを伝えてください）
- Your input on this would be much appreciated.
（これについてあなたのご意見をいただけるとありがたいです）
- I welcome your comments about this.
（これについてあなたのコメントを歓迎します）
- I invite your comments about this.
（これについてコメントをお願いします）

アメリカ社会の構造を知る必要性

　場面と相手によって、どの程度丁寧な表現を使えばいいのか分からない、と思う人もいるかもしれません。

それを理解するためには、アメリカと日本の社会は構造が違うことを頭に入れておく必要があります。

基本的にアメリカは横社会で、日本は縦社会です。日本では話す相手が自分よりも上か下かによって適切な敬語が変わりますが、アメリカ社会ではみんなが平等という前提なので、相手の身分や地位にかかわらず**丁寧な表現を使うべきである**と考えたほうがいいでしょう。要するに、相手が自分の部下でも、上司でも、顧客でも、子供でも同じレベルの丁寧な話し方をするべきなのです。

日本の上司がしばしば部下に使うような命令的な言い方をすると、アメリカではハラスメントと見なされる可能性があるので気をつけなければなりません。夫婦間でさえ、丁寧な話し方をすることが多いのです。

丁寧な言い方をするのに必要なのが婉曲表現です。先にも述べましたが、**英語の婉曲表現は日本語の曖昧な表現**とは異なります。英語の婉曲表現では言いたいことははっきり言いつつ、それをやわらかい「バン」で包んでソフトな響きにします。それができない人は出世できません。アメリカ人は日本人が考える以上に**言葉に敏感**です。

確かにアメリカ人ははっきり自己主張をします。しかし、**自己主張と何でもストレートに表現することを混同してはいけません**。成功しているネイティヴがどういう表現を使っているのか注意して聞いてみると、

実際は気の利いた、ハンバーガー的表現を多く使っていることに気づくはずです。

　一方、日本人の話す英語は短いので、ぶっきらぼうでそっけなく聞こえます。言葉数が少ないことは無礼な態度と受け取られかねません。英語が母語ではないので、短いのは仕方ないと反論されそうですが、ハンバーガー方式を少し意識するだけで、相手があなたにもつ印象は格段に良くなります。決して難しい表現を使うのではありません。単語だけで答えるのではなく、完結した文で答えることも相手に良い印象を与えます。

　アメリカの大学入学共通試験（SAT）の中では語彙力が非常に大きい役割を占めていますし、大人になっても *Word Power Made Easy* や *Verbal Advantage* や *Merriam-Webster's Vocabulary Builder* などの本やCDを使って、語彙を増やそうと努力しています。

　アメリカ社会で成功するためには、難しいことや言いづらいことをうまく表現する言語能力が非常に重要なのです。

第2章

自然な英語を目指して

語感から理解する本物の英語

学校で学ぶ英語、氾濫する和製英語の影響からか、日本人の英語は、ときにとても不自然なものになってしまいます。これを防ぐには、英語本来の発想を学ぶ必要があります。また品格のある英語を身につけるためには、豊かなボキャブラリーが欠かせません。英語特有のニュアンスをつかみながら、洗練された単語を使う方法も紹介します。

自然な英語とは何か?

「日本人の英語は文法的には間違っていないのに、どうも不自然だ」——そういう声を日本人と仕事をしている外国人からよく耳にします。その原因として、日本人の話す英語が「**日本の学校教科書の英語**」であることが挙げられます。残念ながら、生きた英語を習う機会が、日本の学校教育ではなかなかありません。また、学校で習う英語は読み書きが中心で、会話における微妙なニュアンスや、アメリカ式とイギリス式の表現の違いなどは教えてくれません。

もちろん、学校で習う英語をおろそかにしてもよいと言っているわけではありません。基礎の読み書きが身についていなければ、品格のある英語を話すこともできませんから。ただ、本書の読者には、「自然な英語」の習得を意識して英語の勉強をしてほしいのです。

この場合の自然な英語というのは、**ネイティヴ・スピーカーが普段会話に使っている英語**のことです。**日本の英語の教科書を丸暗記しても、自然な英会話の力は身につきません。**

例えば、「通っている学校はどこですか?」を英語では何と言うでしょうか? ほとんどの日本人は、

◆ Which school do you attend?

や、

◆ Which school do you go to?

と答えるでしょう。これらの表現は、日本の学校で習う英文法の観点から見ると全く正しいのですが、実際にはほとんど使われない不自然な表現です。ネイティヴが使う自然な表現は、

◆ Where do you go to school?

です。

日本人が不自然な英語表現を使うもう1つの原因として、日本語をそのまま英語に直訳しようとする傾向が挙げられます。例えば、「あなたの職業は何ですか？」とたずねる場合、日本人は「何」がwhatで「職業」がoccupationなので、

◆ What's your occupation?

と言うのを聞いたことがあります。これは**文法的に正しいのですが、まったく自然な表現ではありません**。実は、このoccupationという言葉は、書類上では使いますが、会話ではほとんど使われないのです。

例えば、書類の「職業欄」にはoccupationを使うかもしれませんが、会話で「職業」を意味するときはworkを使います。こういうことは、辞書を引いても載っていません。辞書では書き言葉と話し言葉の区別が記されていないことが多いからです。

会話ではどの単語や表現が自然なのかということを知るために、辞書や教科書はあまり役に立ちません。大切なのは、実際に生きた英語にできるだけ多く触れることです。

日本人は学校で習う単語や文法に合わせる傾向があるので、こういうときに、なぜ会話ではoccupationを使わないのかと追究したくなるかもしれません。しかし、ネイティヴもおそらく納得のいく説明を見つけられない場合が多いでしょう。そういうときはあまり深く考えず、素直にネイティヴが使っている表現を覚えるのが一番です。

　自然な英語を身につけるには、英語を素直に受け入れることが大切です。頭よりも耳を使って、つまり論理的に考えるよりも感覚的に覚えるほうが効果的です。そのため、常に分析しようとすることは避けましょう。日本の中学校では、英語を学ぶときに文章を分析することによって学びますが、実はその学び方には限界があります。基礎を覚えるときはいいかもしれませんが、自然な英語を身につける際にその習慣はハンディになってしまいます。

　数学のように英語を学ぶのではなく、子供が自分の母語を耳で覚えるのと似た学び方をしましょう。

　相手の職業を聞くときに、ネイティヴがよく使う表現には次のようなものがあります。

◆ What do you do for a living?
　（どんな職業ですか？）
◆ What kind of work do you do?
　（どんな仕事をしていますか？）

ちなみに、

◆ Where do you work?

は「どちらにお勤めですか？」という意味ですが、ネイティヴは、会社よりも仕事の内容を聞くことが多いのです。また、自分が職業を聞かれて答えたあとは、

◆ How about yourself?
（あなたは？）

と聞き返すのが礼儀です。

日本語の発想をそのまま英語にしない

多くの日本人は英語を学習するときに、日本語で考えたことや日本語でよく使う表現をそのまま英訳しようとします。しかし、その習慣を続けていると日本語的発想の英語から永久に脱することができません。日本語で考えたことを、100％正しいニュアンスで英訳するのは至難の業です。なぜかというと、言語が思考を形作るからです。日本語的発想の英語は、英語ネイティヴには分かりにくい不自然なものです。

英語で話すときは英語で考えよう、というくらいの姿勢が必要です。そうすることによって、英語的発想が身についてくるのです。それは、教養あるネイティヴが使う品格のある英語に近づくための第一歩です。

日本語と英語の発想は全然違うということをまず前提にして、今まで日本の学校で学んできた英語にはこだわらないほうがいいでしょう。mind-set（考え方）

を180度切り替えることが重要です。

　日本にいるネイティヴには通じていたのに、現地では自分の英語が通じないことがよくありますが、それは日本にいるネイティヴが発音やアクセントを含めた**日本人英語のクセを分かっているからです**。これに甘えていては永久に上達しません。日本語や日本人英語のクセを知らないネイティヴは容赦がないと思ったほうがいいでしょう。

　世界各地で、英語を使って仕事をする場合、日本人英語のクセを知っている相手に出会うことなどまずありえません。日本語的な発想で英語を組み立てて、自分では通じていると思っていても、相手はまったく違うように理解して答えると考えたほうがいいでしょう。つまり、「通じている」と思い込むことは非常に危険なのです。特に取材や商談となると正確さが命ですから、日本語的発想は禁物です。

　日本人英語から脱出し、自然な品格のある英語を身につけるためには、できるだけネイティヴが実際に使用している英語を覚える努力をすることです。ところが、実際のところ多くの日本人は、日本人英語でも通じればいい、という考え方をしています。しかし、日本語の発想の奥にある日本文化を知らないネイティヴの人にとって、日本語的発想で話す英語を理解するのは難しくて当たり前です。日本人がよく使うのにネイティヴには通じない「日本人英語」については十分な

注意が必要です。

リンスは英語ではない──単語レベルでの間違い

　例えば日本語のシャンプーは、英語でもshampooですが、リンスは英語でconditionerです。rinseは「洗い流す」という意味の動詞もしくは名詞なので、日本語のリンスは完全な和製英語です。このような和製英語をそのまま使おうとすると、通じないことがよくあります。

　おまけに、カタカナ英語のうち、どれが和製英語でどれが正しい英語かというのは一見しただけでは分かりません。間違いを避けるための一番の方法は、発音も含め、カタカナ英語は英語とは別物だということをまず頭に入れておくことです。つまり、日本語を介さずに英語は英語のままで覚える。カタカナ英語はいったん忘れたほうが英語の上達が早いのです。

　先ほどのリンスのほかにも、日本人が間違って使いがちな和製英語の例は枚挙に暇がありません。例えば日本語では恋人と結婚する場合などに、「ゴールイン」という和製英語を使いますが、英語ではgoal inは使いません。

◆ She finally got married to her boyfriend this June.
　（彼女は、この６月についに彼氏と結婚［つまり

第2章　自然な英語を目指して　53

ゴールイン] した)

というような表現になります。goalを使うのであれば、英語ではachieve a goal（ゴールを達成する）と言わないと通じません。上記の例なら、

◆ She achieved her goal of getting married to her boyfriend.
（彼氏と結婚するという目標を達成しました）

となります。goalを使ったほかの例を挙げると、

◆ She reached her goal of walking 15,000 steps each day for an entire month.
（1カ月間毎日1万5000歩を歩くという目標を達成しました）

◆ He achieved his goal of studying at the Cordon Bleu cooking school.
（彼はル・コルドン・ブルー料理学校で勉強するという目標を達成しました）

「同行、随行する」という意味での「アテンド」というカタカナも、英語ではそのままでは使えません。「誰かのアテンドをする」は、

◆ I am going to be assisting the ambassador during his visit.
（大使の訪問中、彼の手伝いをします［彼のアテンドをします］）

やaccompany（同行する）を使います。例文として、

◆ She accompanied him to the theater yesterday

evening.

（昨日の夜、彼女は彼と一緒に劇場に行きました）
◆ Minors must be accompanied by a parent in order to enter.

（入場するにあたって、未成年者は親の付き添いが必要です）

などがあります。こういった、英語でもそのまま使えそうに見える和製英語は要注意です。

また、ネイティヴが使う英語を日本の教科書で習った文法に照らし合わせてチェックするのも逆効果です。もっとリラックスして、頭を使いすぎずに英語を話しましょう。

getだけでいいのか？──洗練された単語を使いこなす

世界の言語の中でも、英語は動詞の数が圧倒的に多いと言われていますが、状況に応じてそれを使い分けることで、そしてときには難しい単語を使うことで品格が上がります。

もちろん、簡単な単語だけでも英語は話せます。事実、getという単語だけで、「得る」「到着する」「理解する」「連れてくる」「捕まえる」「取ってくる」「悩ませる」など、様々な意味を言い表すことができます。

getやdoは、英語の語彙の中で最も基本的な動詞で、様々な場面で使われます。日本の学校でもまず最初の

ほうに習う動詞ではないでしょうか。もちろんこれらの動詞を使っても、不自然ではないのですが、このような簡単な英単語ばかりを使っていると、幼稚であまり教養がないように思われてしまいます。

　ある程度の知的レベルにあるネイティヴ同士の日常会話を聞いていると、日本人にとってかなり難解な単語がよく出てきます。それは、「語彙の豊富さ」がその人の教養、環境、知性、社会的階級などを反映しているからです。

　例えば、日本語で「ゲット」というカタカナ英語を当てる表現として、英語では以下のような例が考えられます。

- He is trying to earn [get] more money by doing part time jobs.
  （アルバイトをすることによって、より多くの金をゲットしようとしている）
- She won [got] a prize in the drawing.
  （くじ引きで賞品をゲットした）
- He obtained [got] a rare item in the smartphone game.
  （携帯ゲームでレア・アイテムをゲットした）
- She found [got] a handsome boyfriend.
  （彼女は素敵な彼氏をゲットした）

　このように、getを用いるより様々な単語を使い分けたほうが、英語のレベルが一段上がります。

アメリカ社会では、地位が高い人ほど語彙が豊富であり、語彙が乏しいと社会的に成功するのも難しい、という背景があります。残念ながら、いくら知的な内容の話をしていても、子供が使うような簡単な単語を使っていたら、そのレベルに見られてしまいます。この点で損をしている日本人は、意外に多いのではないでしょうか。

例えば、教養あるネイティヴ・スピーカーにインタビューするときは、意図的に難しい単語も織り交ぜると効果的です。なぜかというと、そうすることで相手もこちらを対等に見てくれるからです。限られた単語だけで話せるということはもちろん悪いことではありませんが、洗練された英語を話したければ、洗練された単語を使う必要があります。

日本の擬態語や擬声語をどう表すか？

英語と違って日本語では、同じ動詞を違う擬態語や擬声語と組み合わせることで様々な動きや身振りを表現します。例えば、「とぼとぼ歩く」「じろじろ見る」のように言うことができます。一方、日本語の擬態語や擬声語を英語で表現する場合は、動詞そのものが変わります。以下、いくつか例を見てみましょう。

例1:「歩く」の場合

> plod (とぼとぼ歩く)、stride (闊歩(かっぽ)する)、stroll (ぶらぶら歩く、散歩する)、strut (気取って歩く)、stump (重い足取りで歩く)、toddle (よちよち歩く)、traipse (疲れてとぼとぼ歩く)

◆ The married couple <u>strolled</u> through the neighborhood every day after dinner.
 (夫婦は毎日ディナーのあと、近所で<u>散歩をした</u>)
◆ She <u>strutted</u> through the office wearing a new pair of high heels.
 (新しいハイヒールをはいて、オフィスの中を<u>気取って歩いた</u>)
◆ I <u>traipsed</u> around the city all day looking for the perfect pair of jeans.
 (理想的なジーンズを探して、街中をまる一日<u>足を棒にして歩きまわった</u>)

例2:「笑う」の場合

> chuckle (含み笑いをする)、giggle (クスクス笑う)、grin (にっこり笑う)、guffaw (ばか笑いをする)、snicker (鼻先でせせら笑う)、titter (忍び笑いをする)

- The baby giggled when his mother tickled him.
  (お母さんがくすぐったとき、赤ちゃんはクスクス笑った)
- When I invited her to the party, she responded with a big grin.
  (パーティに招待したら、彼女はにっこりした)
- His ribald joke was met with guffaws.
  (彼の下品な冗談に、みながばか笑いをした)

例3：「驚く」の場合

> be stunned（あぜんとする）、be amazed（目を丸くする）、be flabbergasted（仰天する）、be taken aback（不意を突かれる）、be dumbfounded（開いた口がふさがらない）

- He was stunned when he heard the election results of the underdog winning by a landslide.
  (勝ち目のなさそうな候補が選挙で圧勝したという結果を聞いたとき、彼はあぜんとした)
- She was amazed by the beauty of the Northern Lights.
  (彼女は北極光［オーロラ］の美しさに目を丸くした)
- She was flabbergasted when the doctor told her

she was expecting triplets.
(三つ子を妊娠していることを医者から告げられ、<u>仰天した</u>)

このように、同じ「歩く」「笑う」「驚く」にもそれぞれ違ったニュアンスを表現した動詞が存在します。いつも walk、laugh、be surprised ばかり使うのではなく、その時々の状態や様子によって違う動詞を意識的に使い分けてみましょう。

例4：「怒っている」の場合

> livid（激怒している）、choleric（怒りっぽい）、wrathful（怒りに燃えた）、ranting（わめき散らす）、raving（怒り狂った）、foaming at the mouth（カンカンに怒る）

◆ The President was <u>livid</u> when he heard that the bookkeeper was defrauding the company.
(経理担当が会社に詐欺行為を働いたと聞いたとき、社長は<u>激怒していた</u>)
◆ In online chat rooms he was often <u>ranting</u> about various perceived injustices.
(オンラインのチャットルームで、彼は不当だと感じる様々なことに関して頻繁に<u>わめき散らして</u>

いた)
- When the candidate mentioned his opponent's name, he was practically <u>foaming at the mouth</u>.
(その候補者が敵対候補の名前を口にしたとき、彼は<u>カンカンに怒っていた様子</u>だった)

　何種類もある動詞や形容詞を、状況や状態によってうまく使い分けることができるようになるために語彙を増やしましょう。そうすることで英語の品格が上がります。

英単語のイメージをつかむ

　英語はゲルマン語派に属し、ラテン語、ケルト語、古ノルド語、そしてフランス語などに影響されています。英語の語彙が圧倒的に多い理由は、そういったいろいろな言語からできている雑種（mongrel, mutt）だからです。1万単語覚えてもネイティヴでは10歳レベルです。ネイティヴは6歳ですでに6000単語のレベルに達しています。ネイティヴの成人は一般的に2万〜4万単語の語彙量があります。日本でも同様ですが、その人の語彙量は教育レベル、教養レベルを表すので、日本人にとって英語が外国語であるとはいえ、ネイティヴの10歳レベルと同じでは困ります。

　英単語を覚えるときに重要なのは、英単語は文脈によって意味が変わるということです。訳語だけで覚え

ようとすると適切に使えるようにはなりません。英語は感覚的に覚えることが重要です。いくつか例を挙げましょう。

● available

この単語は、文脈によって様々な意味をもち、とても便利です。以下の例文を参考に応用してみましょう。

[時間がある]

- ◆ When are you available to work on this?
  (いつこれをする時間がありますか？)

[(時間・物が)空いている]

- ◆ Is this seat available?
  (この席は空いていますか？)
- ◆ What time is the meeting room available?
  (次に会議室を使える時間はいつですか？)
- ◆ This apartment is available for immediate occupancy.
  (このアパートはすぐに入居可能です)

[都合がいい]

- ◆ I can make myself available tomorrow afternoon.
  (明日の午後でしたら都合がいいです)
- ◆ I'm afraid he is not available at this moment.
  (あいにく彼はただ今席を外しております)

● engage

engageという単語を聞くと、engagement ringからの連想で、日本人は真っ先に「婚約する」を思い浮かべるかもしれません。しかし、それ以外にも様々な意味があります。

◆ Engage your brain.

と言う場合、engageは「起動させる」ですので、「もっと考えてください」という意味になります。これは最近よく使われる表現です。また、engageには、

◆ We engaged a consulting firm.
（我々はコンサルティング会社を手配した）

というように、「雇う」や「手配する」という意味もあります。ちなみに、ビジネスで使うengagementは、社員が会社に対してどのくらい関与していると感じるか、そしてどのくらい感情的に仕事と結ばれているかを意味しています。要するに、「労働意欲」と「動機づけ」のことを示しています。これは会社に対する忠誠心とは違います。

● expect

例えば、英和辞典でexpectを引くと「期待する」と書いてありますが、「期待する＝expect」と覚えるのは間違いです。英語でexpectと言うと「**かなり強い期待**」を意味するので、命令口調に聞こえるからです。例えば、「あなたの努力を期待しています」と言

いたいときに、

- ◆ I expect your hard work.

と言うと、「努力してよ！」というようなきついニュアンスになります。もしこのような表現をアメリカ人の部下に使ったら、反発を招きかねません。より自然な英語の表現は以下のようなものです。

- ◆ I'm looking forward to your hard work.
  （あなたの熱心な取り組みを楽しみにしています）
- ◆ Thank you in advance for your hard work.
  （がんばって取り組んでください［直訳：あなたのがんばりに前もって感謝します］）

このような間違いは、日本語に対応する英語が必ずあるという前提のもとで、日本語を介して英語を覚えることから生じます。英語を日本語に直訳して覚えた時点で、すでに元の意味からずれているのです。これを防ぐためのベストな方法は、英語的思考回路を作ることです。そのためには、英語を話すときは英語で考える習慣を身につけるとよいでしょう。そして、英和辞典ではなく英英辞典を積極的に使用することをおすすめします。

● integrity

日本人がどう使っていいのか、いまいち分からない単語にintegrityがあります。これは英和辞典に出ている「正直、誠実、高潔」という訳で覚えても、適切に

使うことができません。アメリカ人は次のように使います。
- a man of integrity
 （人格者、誠実で品行方正な人）
- show a lack of integrity
 （道徳心のなさを示す）
- brand integrity
 （ブランドの信頼性）

これらの表現を使った例文を見てみましょう。
- His actions show that he is <u>a man of integrity</u>.
 （彼の行動を見れば、彼が<u>人格者</u>であることが分かる）
- The test cheating scandal <u>shows a lack of integrity</u> among students.
 （試験での不正スキャンダルは生徒たちの<u>道徳心のなさを示している</u>）
- The company's greatest strength is its <u>brand integrity</u>.
 （あの会社の最も大きな強みはその<u>ブランドの信頼性</u>です）

ここに挙げた単語と表現は意味の幅が広いものですが、知らないと、相手の人格や器の大きさを称える強い表現を作れません。このような単語は特に訳語で覚えないで、例文とともに感覚的に覚えたいものです。

● just

　justはシンプルに感じられる単語ですが、使い方は多岐にわたります。

[理由なしに]
- ◆ Things just didn't work out.
  （[理由は分からないけれど] 結局うまくいかなかった）

[本当に、実に]
- ◆ I just couldn't stand it anymore.
  （もう、本当に我慢できませんでした）

[単に]
- ◆ I just wanted to let you know.
  （連絡したかっただけです）

[ちょうど、きっかりに]
- ◆ He just made it.
  （彼はぎりぎり間に合いました）

● make it

　この熟語は文字面だけを見たら、「それを作る」に見えると思いますが、いろいろな意味をもつ便利な表現です。

[行く、来る]
- ◆ I can't make it to the party.
  （パーティに行けません）[make itのほうがcomeよりも自然です]

◆ I should be able to make it on time.
（時間通りに到着できると思います）

[切り抜ける、生き延びる]

◆ The poor kid did not make it.
（あのかわいそうな子供は亡くなりました）

[成功する]

◆ We made it.
（私たちは無事にやり遂げました）

[make it upで、償いをする、埋め合わせをする]

◆ Let me make it up to you.
（償いをさせてください）

● naïve

「ナイーヴ」と日本語で言うと、「純粋」「純真」「繊細」というようなポジティヴなニュアンスがありますが、英語でnaïveと言うと「単純な」「愚直な」「世間知らずな」というような否定的な言葉になります。日本人が「君は純粋だね」の意味で、

◆ You are naïve.

と言うと、まるで「君は頭が単純でだまされやすいね」というような批判的な意味合いになってしまいます。日本語の「ナイーヴ」の意味を示す正しい英語は、

◆ You are innocent.

です。このように日本語と英語でニュアンスが違う単語には要注意です。これも感覚で覚えないと間違って

使ってしまう可能性があります。

● work

これはもちろん誰でも知っている単語でしょうが、様々な意味があります。自動詞と他動詞の用法には注意してください。

[取り組む]

◆ Let's work out our problems.
（我々の問題を解決しましょう）
◆ Let's work on it.
（がんばりましょう）

[機能する、順調にいく]

◆ I'd like to set our meeting for Tuesday. Will that work for you?
（我々の打ち合わせを火曜日に設定しようと思います。ご都合は大丈夫ですか？）[口語的だが、丁寧な言い方]
◆ This is the solution that works for everyone.
（みなが納得できる解決策です）
◆ Her plan seems to be working.
（彼女の計画は順調にいっているようだ）
◆ I was skeptical how well the red would look with the green, but it really works.
（その赤がその緑と合うかどうかは疑問でしたが、本当によく合いますね）

[まとめ上げる]
- Let's work that idea into the proposal.
  (あのアイデアを提案書に織り込みましょう)

[慣用表現・決まり文句]
- She really knows how to work a room.
  (彼女はパーティで歩き回っていろいろな人と話をする方法をよく知っています)［work a roomはパーティなどで部屋を歩き回っていろいろな人と会話を交わすという意味］
- The proposal is in the works.
  (提案書は作成中です)［この場合のworksは名詞で、in the works（進行中）という意味の決まり文句］

● life

例えば、lifeという単語が「人生」や「生活」を意味することは、ほとんどの日本人が知っていますが、「元気」という意味があることを知っている人は意外に少ないと思います。この意味を知らなかった場合、

- He's got a lot of life in him.
  (彼はとても元気です)

と言われても意味が分からないでしょう。さらに、

- He's the life of the party.
  (彼はパーティの盛り上げ役です)

という言い方もなかなか理解しづらいでしょう。日本人は英語の学習を単純化しすぎる傾向にありますが、

実は**英語**はとても**複雑**で**難しい言語**です。日本語的思考にしばられていると理解できない英語表現がたくさんあります。

lifeのように簡単そうに見える単語ほど、複数の意味をもっていることが多いのです。もう少し具体例を挙げましょう。

● school
[学校]
- ◆ My daughter attends elementary school.
   （娘は小学生です）

[群れ]
- ◆ A school of fish swam by.
   （魚の群れがそばを通りました）

● thing
[複数形で「情勢」「状況」]
- ◆ Things are going to change.
   （情勢がこれから変わります）
- ◆ Things are going well.
   （いろいろ順調です）
- ◆ How are things going?
   （いろいろどうですか？）

[the thing で「流行しているもの」]
- ◆ Miniskirts are the thing this year.

(今年、ミニスカートが流行です)

[the thing で「課題、問題、難しい点」]

◆ The thing is, I have another appointment that day.
(問題は、その日に別の予定が入っていることです)

◆ Look, here's the thing about English. What you need to realize is that words have different meanings in different contexts.
(よく聞いてください。英語に関して難しい点について述べます。理解しなければならないのは、文脈が違えば単語の意味が異なるということです)

[one's thing で「好きなこと、得意なこと」]

◆ Public speaking is not my thing.
(人の前に話すのは得意ではない)

[すばらしいこと]

◆ Some tea would be just the thing right now.
(今、ちょっとお茶が飲めたら最高です)

[not ... a thing で「何もない」]

◆ I can't think of a thing I would do differently.
(変えたいことを思いつきません)

◆ It doesn't mean a thing.
(何も意味がありません)

● train

[列車]
- ◆ I came here by train.
  (電車で来ました)

[すそ]
- ◆ Her wedding dress had a long train.
  (彼女のウエディングドレスには長いすそがありました)

[自動詞で「訓練する」「鍛える」]
- ◆ I am training for a marathon.
  (マラソンを走る準備をしています)

[他動詞で「訓練する」「鍛える」]
- ◆ I am training my successor.
  (後任者を教育しています)

[他動詞で「向ける」「照準を合わせる」]
- ◆ He trained his sights on the tourists.
  (彼は観光客に目を向けました)

　日本語の場合、漢字で書かれている言葉は1つの意味しかもちません。「きしゃ」とひらがなで書くといろいろな意味になりますが、いったん漢字で「記者」「貴社」「汽車」「帰社」と書けば、意味が限定されます。日本語を真剣に勉強している外国人には漢字を覚えるのが好きな人が多いようです。

　しかし、英語の単語は文脈によっていろいろな意味

になります。上記の例のように、1つの英単語がもつ意味をすべて覚えようとするのは難しいかもしれません。しかし、英単語には、自分がすでに知っている意味以外にも意味があるかもしれないというオープン・マインドをもつことは重要です。

● doubt と suspect

doubt と suspect をどちらも「疑う」と覚えてしまっている人がいますが、これも要注意です。

◆ I suspect that it is true.
（それは<u>本当だろう</u>と思います）

と

◆ I doubt that it is true.
（それは<u>本当ではない</u>と思います）

は、ほぼ正反対の意味になります。これらの単語も、日本語だけで覚えておくと危険な例です。例をいくつか挙げます。

◆ I <u>suspect</u> you will be wanting me to handle this.
（あなたは私にこれを<u>担当してほしいのですよね</u>）

◆ I <u>suspect</u> that she has many friends in Chicago.
（彼女はシカゴにたくさんの友人がいる<u>だろうと思います</u>）

◆ I <u>doubt</u> that anyone has tried that.
（誰もそれを試しては<u>いないだろうと思います</u>）

◆ I <u>doubt</u> she knows anyone in New York.

第2章　自然な英語を目指して

(彼女はニューヨークで誰も知り合いがいないと思います)

● foreignとalien

　foreign（違う、馴染みがない）とalien（合わない、反発する）もニュアンスを理解していないと間違えて使いかねない単語です。最所フミ編著の『英語類義語活用辞典』（ちくま文芸文庫）から、分かりやすい例を見てみましょう。

◆ It is a way of thinking *foreign* to me.
（そういう考え方は私の思考パタンと違う）

◆ It is a way of thinking *alien* to me.
（そういう考え方とは自分はまったく性が合わない［違和感を覚える］）※傍線部引用者

2つの単語は似ていますが、微妙にニュアンスが違います。以下は私が作った例文です。

◆ Capitalism is completely foreign to people in that country.
（あの国の人たちにとっては、資本主義はまったく馴染みのないものだ）

◆ The concept of arranged marriage is foreign to people in the U.S.
（アメリカ人にとっては、見合い結婚は馴染みがないコンセプトだ）

◆ The idea of getting a divorce is alien to devout

Catholics.

(離婚するという考えに、信心深いカトリックの信者は<u>反発する</u>)

◆ Pregnant women sometimes say that their body feels <u>alien</u> to them.

(妊娠している女性は自分の体に<u>違和感を</u>覚えると時々言います)

　似たような意味をもつ単語を使い分けられるようになるためには、**その使い方を英文のまま頭に入れておくことが大切**です。そして、とにかく**英語と接する機会を増やすこと**です。

● think、assume、presumeの使い分け

　I think（思います）、I assume（仮定します）、I presume（推理します）は、日本語に訳すとおしなべて、「思います」や「考えています」となることが多いのですが、実際はすべて意味が異なり、使い分けるだけで品格が上がります。こういう表現は、英文を読んでいるときに、どのような文脈・状況で使われているか、ニュアンスを正確にとらえることで的確に使えるようになります。感覚的に把握できないときは、使わないようにしましょう。英語の理解において、感覚的に把握することはとても重要です。

◆ I think it's time to go home.

(帰宅する時間が来たと思います)

- I think you should get an MBA.
 (あなたはMBAを取ったほうがいいと思います)
- I assume you would like us to go home now.
 (私たちが今帰宅することをあなたは望んでいるのではないかと思います)
- I assume you are planning to get an MBA.
 (あなたはMBAを取る予定でしょうね)
- The missing journalists are presumed dead.
 (行方不明のジャーナリストは死亡したと考えられている)
- In the U.S., courts presume that someone is innocent until he or she is proven guilty.
 (米国では、告発された人が有罪だと証明されるまで、裁判所はその人を推定無罪とする)

差別や軋轢を防ぐための中立的な表現

 近年アメリカ人は中立的な単語を使用する傾向があります。アメリカ人は差別に対して非常に敏感で、それが言葉にも表れているわけです。日本語も同様ですが、間違って古い差別的表現を使うと思慮が足りないように思われたり、相手の気に障ったりする可能性があるので気をつけましょう。
 大学などのアカデミズムの世界では、差別的な発言をすると失職することもあります。また、企業の重役

表

	以前	現在
身体障害者	handicapped disabled	physically challenged differently abled
失業者	unemployed	between jobs in transition
貧しい	poor	in reduced circumstances （暮らしに困っている） disadvantaged （恵まれない、不利な条件に置かれた） at risk （[特に子供たちが]困窮している）
解雇する	fire people	downsize （コンパクト化する） rightsize （[企業の人員を]適正規模にする） restructure （リストラする）
視覚障害者	blind	visually impaired
聴覚障害者	deaf	hearing impaired

などがセクハラ的な差別表現を使って、糾弾されたりするニュースを耳にしたこともあるかと思います。

　中立的な単語の知識はもちろん、品格のある英語を話す際にも役立ちます。

　いくつか上の表にまとめておきます。

　それでは、これらの単語を使っていくつか例文を作ってみましょう。

◆ The school has many underline{physically challenged} students.

(あの学校には身体に障害のある生徒が多くいます)
- He is between jobs right now so he picks up the kids at school every afternoon.
(彼は今失業しているので、毎日午後に子供を学校に迎えに行きます)
- The family found themselves in reduced circumstances after their father lost his job.
(父親が仕事を失ったあと、家族は暮らしに困るようになりました)
- The company decided to rightsize after the business needs changed.
(ビジネスのニーズが変化したあと、あの会社は人員削減することにしました)
- The software has a voice mode for the visually impaired.
(目の不自由な方のために、あのソフトウェアにはヴォイス・モードがあります)

語彙を増やす方法

　語彙量がその人の教育レベルや教養レベルを表すことは前述しましたが、では語彙をどうやって増やしたらいいのか、説明しましょう。

ⓐ 言葉のニュアンスを深く知るための辞書活用法

　今まで何度か繰り返し述べましたが、英語と日本語は一対一で対応しません。辞書を引いただけでは微妙なニュアンスまで理解することはできません。おすすめしたいのは、英語で言いたいことをまず和英辞典で引いて、出ている単語を今度は英和辞典で引いてみることです。例えば、「バカげた」という日本語を和英辞典で調べると、英単語の長いリストが出てきます。

1. absurd
2. barmy
3. daft
4. dippy
5. dizzy
6. doodle-brained
7. farcical
8. foolish
9. illogical
10. inane
11. laughable
12. loopy
13. ludicrous
14. nutty
15. preposterous
16. ridiculous
17. silly

18. squirrelly
19. stupid
20. unwise
21. zany

　この21個の単語はそれぞれ少しずつニュアンスが違います。どうやってこのリストから自分が言いたいニュアンスをもつ英語を選びますか？　それには1つずつ英和辞典で引くしかありません。

　少し具体的に考えてみましょう。日本人は、「バカ」という言葉を軽い意味で頻繁に使います。誰かに対して「おバカさん」と言うとき、相手への批判ではなくてむしろ愛情表現という場合もあります。

◆ What, you lost your wallet where? You're such an <u>airhead</u>.
（なんで、そんなところで財布を落としたの？　<u>おバカさんねぇ</u>）

というような場合がまさにそれにあたります。

　しかし、このような場面でstupidと英語で言ってしまうと、かなり相手に失礼なことになります。stupidは単に「バカ」ではなく、「頭が悪い」とか「能なし」というニュアンスが相当強いからです。

　日本語の「バカ」に近いのは、foolishやsillyです。stupidは「バカ」のほかにも文脈によっては「くだらない」という意味にもなります。例えば、stupid TV show（くだらないテレビ番組）のように言う場合です。

例文を見てみましょう。

- Math class made him feel <u>stupid</u>.
  (数学の授業で、彼は自分が<u>無能</u>だと感じた)
- I don't know why the government makes such <u>stupid</u> laws.
  (なぜ政府がそのような<u>バカげた</u>法律を作るのかが分からない)
- She did a lot of <u>foolish</u> things when she was young.
  (彼女は若いときにたくさん<u>バカげた</u>ことをしました)
- I'm sorry, that was a <u>foolish</u> thing to say.
  (ごめんなさい、それは<u>バカな</u>発言でした)
- The two kids were joking around and being <u>silly</u>.
  (2人の子供が冗談をとばしたり<u>バカな</u>ことをしたりしていた)
- It was <u>silly</u> of me to think he liked me.
  (私は<u>愚か</u>にも、彼が私のことを好きだと思っていた)

ちなみに、リストの最後の2つを英和辞典で引くと、unwiseは「思慮が足りない、分別がない、愚かな、知恵がない、浅はかな、ばかげた」で、zanyは「こっけいな、おどけた、バカげた」となっています。これらの単語の例文も見てみましょう。

- ◆ It was unwise of her to travel in India alone.
  (彼女が１人でインドを旅するのは賢明ではなかった)
- ◆ After many unwise investments, he went bankrupt.
  (たくさんの愚かな投資のあと、彼は破産してしまった)
- ◆ He likes to wear zany hats.
  (彼はこっけいな帽子をかぶるのが好きです)
- ◆ The comedian has a zany sense of humor.
  (そのコメディアンはおどけたユーモアのセンスをもっている)

これらの単語はそれぞれ「バカげた」という日本語の違った側面を表現しています。このように一語一語辞書を引くことによって、適切なニュアンスをもっている単語を選べます。これは一見気の滅入るような作業に思えるかもしれませんが、言葉の微妙なニュアンスをつかむには遠いようで近い方法です。

また、できるだけ例文が多く載っている辞書を使うといいでしょう。オンライン辞書でも、例えば英辞郎 (https://eow.alc.co.jp) のように、実際に使われた例文を載せているものを使うことを推薦します。生きた例文を読むことによって、その単語のもつニュアンスをつかむことができます。ちなみに英辞郎は英和、和英両方で使えるので非常に便利です。

❺ 類語辞典 (thesaurus) を使う

　ネイティヴは文章を書くときに、よく類語辞典 (thesaurus) を活用します。実際、私もよく類語辞典を使います。アメリカ人が類語辞典をよく使う理由の1つに、**英語の文章では同じ単語をなるべく繰り返さないようにする**、ということが挙げられます。文章のうまい人ほど、類語を活用して同じ単語を繰り返すことを避けます。

　例えば、「人に見せる」という意味のshowを類語辞典で引くと、demonstrate、display、exhibit、flaunt、presentなどの似たような意味をもちながらニュアンスが違う動詞が羅列されています。これらの単語を使えば、showばかりを繰り返し使うことを避けることができます。また、知らない単語が類語辞典に出ている場合、それがきっかけで語彙を増やすこともできるので一石二鳥です。語彙はいくら多くても多すぎるということはありません。

　1つの単語を自分のものにするということは、単にその意味を知るだけではなく、それがどういう文脈で、ほかの単語とどのような**組み合わせ** (collocation) で使われるかということまで知ることです。また、口語調なのか、文語調なのか、あるいは俗語なのか、細かいところにいたるまで知らなければ適切に使うことはできません。さらに、中立的な響きか、あるいは否定的な響きか、そしてどのくらい強いニュアンスなのか

を知らないと、礼を失したり誤解を招く可能性があります。

例えば、前述した「livid＝激怒している」と覚えるだけでは、どれくらい「激怒している」のかは分かりません。こういうときに類語辞典で調べると、ほかの単語とニュアンスの強さを比較することができます。類語辞典は出版社によって作りが違いますが、言葉のニュアンスの説明が豊富な *Oxford American Writer's Thesaurus* を特に推薦します。英語を自然に話せるようになるためには、言葉そのものに対する飽くなき好奇心をもつことも重要です。

言葉のニュアンスを含めた細かい特徴を学ぶ方法は、上記の類語辞典などを使う以外に、英語に触れる機会を積極的に作り、知らない言葉に接するたびにそれを辞書で引くことです。英語を自然な文脈の中で聞いたり読んだりすることによって、その細かいニュアンスを学ぶことができます。なお、そのときには、自分がまねしたいと思う「品格のある」表現を選ぶようにしましょう。アメリカのテレビドラマや映画から英語を覚えるのはとても有効な勉強法ですが、題材によっては、必ずしも品のある話し方が身につくとはいえないので注意しましょう。

英語学習の素材としておすすめするのは、以下の5本の映画です。

『素晴らしき哉、人生！』（*It's a Wonderful Life*／

1946年)
『裏窓』(*Rear Window*／1954年)
『アラバマ物語』(*To Kill a Mockingbird*／1962年)
『恋はデジャ・ブ』(*Groundhog Day*／1993年)
『英国王のスピーチ』(*The King's Speech*／2010年)

　品の良い英語、気の利いた表現がつまった名作ばかりです。

ⓒ 微妙なニュアンスを出す句動詞を覚える
「**英語は大雑把である**」と勘違いしている日本人が多いようですが、実はその逆で、実際は微妙で複雑なことを表すのに大変優れた言語です。

　これについて、『英語類義語活用辞典』の最後に「解説　人間と言葉への鋭敏な感性」と題して、加島祥造氏がこう記しています。

「……もう1つ、今も深く記憶していることがある。彼女（最所フミ）は、『英語が実に柔軟で自在な言語』だということをよく口にした。どんな複雑な考えも言い表わせるしどんな微妙な感情の綾も適切に伝えられる言葉だ、これだけは日本語はとても及ばない……こういったことを彼女は静かに言った――それは英語をそのように柔軟自在に使うまでに至った人の口調だった」

ネイティヴはよく句動詞（phrasal verb）を使って、1つの動詞では言い表せないような微妙なニュアンスを表現します。句動詞とは、シンプルな動詞を前置詞、副詞などと組み合わせることによって特別な意味を表すフレーズのことですが、熟語動詞、複合動詞、群動詞などとも呼ばれています。

　句動詞の難しいところは、文脈によってまったく違う意味をもつことです。ここでは簡単な動詞であるmakeとworkを使った句動詞を紹介します。

● make up
1. 作り出す、考え出す、うまくごまかして作る、作り話をする、話をでっち上げる、捏造する、細工する
    例：She made up a story.
    （彼女は話をでっち上げた）
2. ［損失・不足の］埋め合わせをする、［遅れを］取り戻す、燃料を追加する、償う、補償する、清算する、穴埋めをする、足しにする
    例：She is making up for lost time.
    （彼女は無駄にした時間を埋め合わせている）
3. 追試験を受ける
    例：He made up the exam.
    （彼は追試を受けた）
4. メーキャップする、化粧する、修復する、扮装す

る、仕立てる
　　例：She is making up her face right now.
　（彼女は今化粧している最中です）
5. 構成する、成り立っている、作成する、製版する、組成する、編集する、編成する
　　例：She is making up the folders right now.
　（彼女は今フォルダーを作成している）
6. [ベッドを]整える、きちんと片付ける、順番に並べる、準備する、用意する
　　例：The maid made up the bed.
　（メイドはベッドを整えた）
7. 取りまとめる、取り決める、整版する、調合する、舗装する
　　例：She made up a time frame for the project.
　（彼女はプロジェクトの期限を設定した）
8. [ケンカの]仲直りをする、握手する、仲裁する、まるく収める
　　例：They made up after their fight.
　（彼らはケンカのあとで仲直りをした）
9. 決心する、決着をつける
　　例：He is trying to make up his mind.
　（彼は心を決めようとしている）

● make out
1. 作り上げる、書き上げる、まとめ上げる、作成す

る、書き込む、書き入れる、記入する、〜と示す、起草する、詳細に描く、描き出す、完全にする

例：The waiter is making out the check right now.

（ウェイターは今、小切手を切っている）

2. 見せかける、信じさせる、ふりをする、〜を〜のように言う、もっともらしく言う、うそぶく

例：He made me out to be a liar.

（彼は私がまるで嘘つきみたいな言い方をした）

3. 理解する、分かる、判読する、認識する、〜をようやく見分ける、聞き分ける

例：I can't make out what he's saying.

（彼が言っていることを理解できません）

4. うまくいく、うまくやる、成功する、うまくやっていく

例：He made out like a bandit in the stock market.

（彼は株で大もうけした）

5. [男女が] 愛撫し合う、イチャイチャする、ネッキングする、ペッティングをする、性的関係をもつ、関係する、セックスする

例：They made out in the park.

（彼らは公園でイチャつきました）

6. なんとか切り抜ける、やりくりする、暮らしていく、折り合っていく

例:How are you making out in your new job?
(新しい仕事はうまくいってますか?)

● **work up**
1. [〜にまで]徐々に進む、徐々に近づく、徐々にやる、少しずつやる、ぼちぼちやる
   例:I'm working up to the next level.
   (私は次のレベルまで進歩しています)
2. [計画・方法を]練り上げる、[計画を]立てる
   例:I'm going to work up some plans.
   (私は計画を練り上げるつもりです)
3. [興味・関心・感情・食欲などを]煽り立てる、かき立てる
   例:I really worked up an appetite while hiking.
   (ハイキングの最中、私はおなかがすいてきた)
4. 徐々に興奮させる、イライラさせる、心配させる
   例:I got really worked up during the argument.
   (議論の間、私はとても興奮した)

● **work out**
1. なんとか解決する、丸く収める、なんとかなる、うまくいく、良い結果となる
   例:Things just didn't work out for him at that company.

(彼はその会社ではどうしてもうまくいかなかった)
2. [問題・謎・パズル・暗号が] 解ける、きちんと答えが出る
   例：I want to work out the answer to this puzzle.
   (私はこのパズルを解きたい)
3. [ジムなどで] 運動する、トレーニングする、汗を流す
   例：I'm going to the gym to work out.
   (私はジムで運動するつもりだ)
4. 苦労してやり遂げる、苦心して成就する、成し遂げる、成功する、成立させる、成り立つ、実現する、実施する、[期間の最後まで] 勤め上げる
   例：I'm sure that everything will work out just fine.
   (私はすべてがちょうどうまくいくと信じています)
5. 算定される、算出する、はじき出す
   例：The total worked out to 152.
   (合計は152になりました)
6. [痛みなどを] 少しずつ取り除く
   例：The massage therapist worked out the kinks in his back.
   (マッサージ・セラピストは彼の背中のこりをほ

ぐしました)

　ここに挙げたのはほんの少しの例ですが、1つの句動詞には驚くほどたくさんの意味があると実感できるでしょう。もちろんそのすべてを覚えなければならないというわけではありません。しかし、なるべくたくさん覚えることで英語の会話が豊かになります。

ⓓ 洗練された表現や単語を使う

　簡単な単語をうまく組み合わせることで、洗練された言い方をすることができます。例えば、

◆ I couldn't have done nearly as well.
（足元にも及びません）

という表現は、簡単な単語しか使っていません。しかし、相手をほめる言い方としては、かなり洗練された表現です。ただ「すごいですね」とほめているのではなく、「私だったら、とてもそこまではできませんでした」という、ひとひねりある言い方です。

　こういう言い回しを覚えてすぐに自然に使えるようにするには、できるだけネイティヴの英語に触れるのがベストです。しかし、なかなかネイティヴと接する機会がないという人も多いのではないかと思います。そういう人におすすめするのは、洋書を読むことです。

　難しい本でなくてもいいのです。絵本でもネイティヴ用のものであれば、自然な英語を身につけるのに役立ちます。日本で使われている教科書に出てくる英語

はなぜか、ネイティヴが使わない表現が多いのであまりおすすめできません。ネイティヴがネイティヴ用に書いた本を読むことが、自然な英語を学ぶための最短距離です。ただし、ネイティヴが書いたものでも、日本人用に読みやすく書き換えられている作品はあまりためになりません。

　また、アメリカで英語を第二言語として教えるときに使用されているテキストにもいいものがあります。なかでも、*Communicating in Business: A Short Course for Business English Students*（Simon Sweeney著）はビジネス英語を学びたい人におすすめです。アメリカにおける英語の教科書は、特定の国の人向けに作られているわけではないので、基本的に英語を英語として教えています。この点が、英語を日本語と比較して教える日本の教科書と違うところです。もちろん、どれだけすばらしいテキストでも、それを読んでいるだけでは上達しません。できるだけ覚えた表現を使う機会を作ることが理想的です。

　英語の語彙が多い理由は先述しましたが、その中でもフランス語由来の単語を使うと品格がぐっと上がります。

　例えばchickenとpoultryはどちらも鶏肉ですが、フランス語から来ているpoultryのほうが品があります。また、かつてヨーロッパの知識人にはラテン語の知識があったので、洗練された単語はラテン語由来で

あることが多いのも事実です。これらの単語を覚えなくても英語は話せると言われればその通りですが、それらを取り入れることによってぐっと洗練された表現になります。

フランス語由来の英単語の例としてほかに次のような言葉がありますが、どれも品のある感じのいい言葉です。

- bon appétit（いただきます）
- bon-vivant（パーティや美食やお酒が好きな人）
- bon voyage（良い旅を！）
- déclassé（品がない）
- déjà vu（既視感、デジャヴ）
- derrière（おしり）
- hors d'oeuvre（前菜）
- joie de vivre（生きることの喜び）
- passé（時代遅れ）
- raison d'être（存在する理由）
- savoir faire（社交的な場での機転の良さ）
- voilà（ほら見て、はい出来上がり）

アメリカの作家はインタビューで、こういったフランス語由来の単語をよく使います。ある意味、スパイスのようなものですが、効果的に挟むと英語の品格を上げることにつながります。感心した言い回しやちょっと難しい単語を覚えたら、実際に使ってみましょう。

難しい単語を覚えるには、日々の努力あるのみです。

アメリカ人でさえ意識して難しい単語を覚える努力をしているのですから、英語を母語としない日本人は、なおさら意識的に努力しないと覚えられません。

おすすめするのは、word of the day（今日の言葉）のようなウェブサイトを活用することです。Googleで「word of the day」を検索するとたくさんのサイトが表示されますが、特に推薦するのはニューヨーク・タイムズ紙のサイト（https://www.nytimes.com/column/learning-word-of-the-day）とWordsmith.org（http://wordsmith.org/words/today.html）です。

もう1つは、次の言葉を肝に銘じることです。

◆ Don't be so stuck on what you already know.
（すでに知っていることだけにとらわれるな）

英語の学習には、常に新しいことを学ぼうとする姿勢が必要です。ある程度英語が上達して意思疎通に困らないようになると、そこで英語の勉強をストップしてしまう人がいますが、英語が話せるようになってもさらに努力を続けなければ、品格のある英語を話せるようにはなりません。

第 3 章

品のある英語に
仕上げるためのスパイス

ビジネス実践編 1

日本では、「英語は 3 語で話せ！」というような少々乱暴な教え方がまかり通っていますが、そのような英語は、品格がないだけでなく、人間関係にマイナスの影響を与えてしまいかねません。またビジネスや対人関係では、間違いやそこから生じるトラブルがつきものですが、アメリカ人を相手にするときは、言いたいことを論理的に説明するスキルが必要です。

spell it (all) outの重要性

　日本語には「一を聞いて十を知る」という言葉がありますが、英語では1から10まできちんと説明することが好ましいとされています。1から10まで説明することを英語ではspell it (all) out（詳細に説明する）と言います。

　第1章でも触れましたが、日本人が話す英語はぶっきらぼうに聞こえるとよく言われます。それは、センテンスが短くて説明が足りないからです。短いほどぶっきらぼうに聞こえることは言うまでもありません。阿吽(あうん)の呼吸が通じる社会に慣れている日本人は、いちいち細かく論理立てて説明しない傾向がありますが、品のある英語を話すにはspell it (all) outしなければなりません。

　物事を筋道立てて論理的に説明することは、アメリカ社会において非常に重要なスキルです。このスキルがアメリカでの成否を決めると言っても過言ではありません。これができないと説得することも信頼を得ることもできません。

　spell it (all) outの文化は、日本の「一を聞いて十を知る」の正反対ですから、日本的に考えると「**そこまで言わなくてもいいだろう**」と思ってしまいます。逆に日本語でそこまで説明するとくどく冗長に聞こえるかもしれません。日本人はspell it (all) outの文化に慣

れていないので、英語を話すときはことさら意識する必要があります。

それではspell it (all) outが特に重要な状況の具体例をいくつか挙げましょう。

例1：問題を指摘するとき

日本の会社で働いたことがあるアメリカ人は異口同音に、「会社に感謝されていないと感じる」と言います。それはなぜでしょうか。日本人は、評価するときに問題だけを指摘するからです。その裏には、「指摘されていないところは問題ない」という暗黙の了解があります。アメリカ人は通常、先に良いところをほめてから本題に入るので、日本人の指摘の仕方に慣れておらず、まるで全否定されたように感じてしまいます。

例えば、部下が計画書を作ったとします。それはとても良くできているのですが、1カ所だけ変えてほしいところがあるとします。そのようなときに多くの日本人は、直接当該箇所の話に入りますが、アメリカ人には、それでは計画全体に問題があるように思えてしまうのです。アメリカ式に、良いところをほめてから問題または改善点を指摘するには、次のような言い方をすればよいでしょう。

◆ Thanks for your hard work preparing this plan. Overall it looks very good. There is one portion, however, that I have concerns about and would

like you to revise.
(このプランを一生懸命用意してくれてどうもありがとう。全体的にはとてもよくできています。ただ、1つだけ気になるところがあるので、その箇所だけ変えてもらいたいです)

例2：ミスの注意

　人のミスを注意する際も、spell it (all) outが必要です。また、どのような言葉を使うかということにも気を遣わなければなりません。アメリカでは大人が大人を「叱る」ことはありません。叱るのは、大人が子供に対して行うことです。ですから、相手の行動の問題点を指摘するときも叱るのではなく、冷静に相手に問題点を説明するようにしなければなりません。なお、アメリカ社会では怒鳴ったり感情的になったりすることは、自己コントロールができない証拠であり、非常に醜いことであると思われています。

　日本では上司が部下を叱るときに怒鳴ることがありますが、アメリカでそれは厳禁です。そんなことをすれば、相手がやる気を失ってしまうばかりか、ハラスメントと誤解されて法的問題に発展する恐れさえあります。

　このような話をすると、「よくアメリカの映画の中で、会社のボスが部下を怒鳴りつけるようなシーンを見たことがあるのですが」というようなことを言って

くる人がいます。日本でも同様だと思いますが、映画やテレビでは、話を面白くするために、大げさなシーンや表現がよく使われます。リアリティはあまりないと考えていただいていいと思います。また、映画で使われる表現は非常に役に立つものもありますが、それをそのまま日常生活で使うとあまりにも極端な表現で、不適切である場合が多い、ということを覚えておきましょう。

人のミスを注意するときは、以下の3つのステップを踏むのが望ましいやり方です。

1. 問題の行動は何だったかについて指摘する。
2. 理由を説明する。つまり、何が悪いかについて説明する。
3. 何をしてほしいのかについて説明する。

この3ステップを使った例を見てみましょう。

1. I just talked to Kathy Smith at Acme Corp. She is very upset about the order she just received. It's missing two parts.
（アクメ社のキャシー・スミス氏と話したところですが、届いたばかりの注文の品に関してとても気分を害しているようです。2つの部品が抜けているからです）

2. When this kind of thing happens, it damages our customer relationships and we could even lose a customer.

(このようなミスをすると顧客との関係に影響を及ぼし、顧客を失う恐れがあります)
3. First of all, please send the missing parts to her immediately. Second, I want a detailed report from you explaining why this happened and how we can prevent similar problems in the future.
   (まず、抜けていた部品をすぐに彼女に送ってください。そして、なぜこのようなミスが起こったのか、今後似たような問題が起こるのをどうやったら防げるかということについて、詳しいレポートを提出してください)

　日本人は言葉というよりは顔の表情や声のトーンなどで事の深刻さを伝えようとしますが、アメリカ人は言葉を主に使います。言葉足らず、というのは誤解を招くだけではなく、自らの品格を下げることにもなりかねません。

例3：謝罪するとき

　謝罪するときにも詳しい説明が必要です。日本では「いさぎよさ」が重視されるので、言い訳しているように見られたくないと思って、十分説明しない傾向がありますが、アメリカでは自分の行動について謝るときに説明を加えないと、納得してもらえなかったり、誠実でないと思われてしまいます。

例えば、任されていた仕事がうまくいかなかったとします。そのとき、ただI'm sorry.では不十分です。次のように、なぜその仕事ができなかったかを説明しなければなりません。

- I bit off more than I could chew.
 (できる以上のことをしようと無理をしていました)
- I got really over-extended.
 (できる以上の仕事を引き受けてしまいました)
- I'm afraid that I was over-optimistic.
 (残念ながら、楽観しすぎていました)
- There were a lot of unanticipated things that came up.
 (予期せぬ事態がいくつも発生しました)
- There were unforeseen circumstances.
 (予期せぬ事態が起こってしまいました)
- I misjudged the situation.
 (状況判断を誤りました)
- Nobody could have predicted some of the things that happened.
 (誰もが予想できなかった事態が起きました)
- I did my best, but unfortunately this time that wasn't enough.
 (ベストを尽くしたつもりでしたが、残念ながら今回はそれだけでは不十分でした)

- ◆ This was a particularly challenging assignment.
  (これは特に難しい課題でした)
- ◆ I feel very badly about this. I'll make sure it doesn't happen again.
  (こんなことが起きるなんて本当に遺憾です。再発しないようにがんばります)

前ページの下線を引いたcould have predictedの部分は仮定法ですが、日常会話で自然に仮定法が使えるだけで、品格が上がります。実際、ネイティヴは仮定法をよく使います。

spell it (all) outの文化があるとはいえ、アメリカでも、「説明が詳しければ詳しいほど良い」わけではありません。

- ◆ Less is more.
  (より少ないことは、より豊かなことだ)
- ◆ Simple is the best.
  (シンプルなのが一番です)

という表現に見られるように、簡潔なほうが好まれる場合もあります。しかし、日本人の英語はあまりにlessすぎて、もう少し長く詳しく言うべき場合が多いのです。長すぎるのもよくありませんが、短すぎるのも問題です。適切なバランスが重要なのです。

短くぶっきらぼうではなく、
完結した文章で会話することが大切

　ここまで、筋道を立てて詳しく説明することの重要性について書いてきましたが、次に、最近流行のグロービッシュや日本人の英語にありがちな、ぶっきらぼうな表現を品のあるものに変える方法を具体的に説明します。

ⓐ 飲み物を注文するとき

　カフェやレストランで、
　◆ Coffee, please！
というように単語を1、2個並べるだけでコミュニケーションをとろうとしている日本人をよく見かけます。それでも通じるかもしれませんが、あまり品がある表現とは言えません。完結した文章で、
　◆ May I have a cup of coffee?
と言うだけで、礼儀正しく品のある感じになります。

ⓑ ホテルでチェックアウトするとき

　日本人は、ホテルをチェックアウトするときに、
　◆ Check out, please.
と言う人が多いようですが、これもあまり品が良くありません。次のように、きちんと言うように心がけましょう。決して難しい文章ではなく、できるだけ文を

完結させるという心構えがあれば言えるレベルのものです。

- ◆ I'd like to check out.
  (チェックアウトしたいです)
- ◆ I'm ready to check out.
  (チェックアウトする準備ができています)
- ◆ I'm checking out from room 27.
  (27号室からチェックアウトします)

❻ タクシーを呼ぶとき

誰かにタクシーを呼んでもらうときは、

- ◆ Taxi, please.

ではなくて、次のように言いましょう。

- ◆ Please call a cab for me.
  (タクシーを呼んでください)
- ◆ Please call me a cab.
  (タクシーを呼んでください)
- ◆ I need a cab. Would you please call one?
  (タクシーが必要です。呼んでいただけませんか)

ちなみに、cabとtaxiは同じ意味ですが、ネイティヴはcabを使う傾向があります。taxiを使ってもまったく問題はありません。ただ、ここで冠詞のaは非常に重要です。2番目の例文ですが、間違って、

- ◆ Please call me cab.

と言うと、「私のことをcabと呼んでください」とい

う意味になってしまいます。aやtheなどの冠詞や単数形／複数形の使い分けを苦手とする日本人が多いのですが、このように冠詞は間違って使うと、意味が大きく変わってしまう可能性があります。常に意識して使うように心がけ、苦手を克服しましょう。

応用編として、ドアマンに頼む場合、上記の表現に加え次のような表現を使うこともできます。

- ◆ Please hail me a cab.
  （タクシーを呼んでください）［注：hailは他動詞では「拾う・呼び止める」を意味し、タクシーを呼ぶ以外の場合はあまり会話で使われない言葉です］
- ◆ I'm going to Lincoln Center. I need a cab.
  （リンカーンセンターへ行くのでタクシーが必要です）［注：ここでI want a cab.と言うと命令的になるので、気をつけましょう］

ⓓ 試着したいとき

洋服を買いにいって試着したいとき、

- ◆ Can I try?
  （これを試せますか？）

でももちろん通じますが、丁寧とは言いがたい英語です。次のような表現を使うことが望ましいでしょう。

- ◆ I'd like to try this on.
  （これを試着したいですが）
- ◆ May I try this on?

(これを試着してもよろしいでしょうか？)
- Could you show me to the dressing (or fitting) room?
(試着室はどこですか？)

❷ プレゼントを包んでほしいとき

日本で買い物をすると普通、無料でラッピングをしてくれますが、アメリカにはその慣習はあまりありません。ラッピングに別料金がかかったり、デパートなどではラッピングサービスをしてくれる場所が特別に設置されていたりします。何かを購入して、プレゼント用に包んでもらえるかどうか聞く場合は、

- Wrapping, please.

ではなく、次のような言い方をしましょう。

- Do you have gift wrapping available?
(ラッピングは行っていますか？)
- Are you able to do gift wrapping?
(ラッピングできますか？)
- Would you be able to gift-wrap this?
(これをラッピングしてもらえるでしょうか？)
- I'd like to have this gift-wrapped.
(これをラッピングしていただきたいのですが)
- What kind of gift wrapping do you offer?
(どんなラッピングがありますか？)
- This is going to be a gift. Would it be possible

to wrap it?
　（これはプレゼント用なのですが、包んでもらうことはできますか？）

　日本では、客は受け身でも店員が次々とサービスをしてくれますが、海外では（特にアメリカでは）自分から言わないと何もしてくれません。してもらいたいことをはっきり口に出すと、ずうずうしくて失礼だと思うかもしれませんが、そのようなことはありません。重要なことは、ずうずうしくない言い方をすることです。

　例えば、次のような言い方は命令的で望ましくありません。

◆ Show me a gift for my mother.
　（母のためのプレゼントを見せて）

こんなことを言われたら、相手は、

◆ How do I know what your mother wants?
　（あなたのお母さんが欲しいものが、私に分かるわけがないでしょう）

と思って、当惑するでしょう。show meは命令的で丁寧ではありません。同じ内容を品のある言い方で表すと以下のようになります。

◆ Would you be able to help me choose a gift for my mother?
　（母のためのプレゼントを選ぶのを手伝っていただけませんか？）

- I'd like your advice on a gift for my mother.
  (母へのプレゼントを選ぶに際して、あなたのアドバイスをいただきたいです)
- Could you recommend something as a gift for my mother?
  (母へのプレゼントで何かおすすめはありませんか？)
- Could you recommend a nice gift for my mother?
  (母へのプレゼントで何かおすすめはありませんか？)
- I'm looking for something for my mother.
  (母へのプレゼントを探しています)

f プレゼントを渡すとき

プレゼントを渡すとき、「これを受け取ってください」と言うつもりで、

- Please accept this.

と言って贈り物を渡す日本人を見かけますが、少しぶっきらぼうな言い方です。まるで無理やり相手に押し付けているようにも聞こえてしまいます。

ぜひ受け取ってもらいたい、という気持ちを伝えるには次のような表現を使うといいでしょう。

- This is just a small token of my appreciation.
  (これはほんの感謝の気持ちです)
- I thought you would like something like this.

(あなたはこういったものが好きかな、と思いつ
いたものですから)〔過去形を使うのは、プレゼン
トを購入したとき、つまり過去の時点で、「気に入る
かもしれない」と先のことを考えていたからです〕
と言うことで、プレゼントを選んだ際に相手の好みや
ニーズをちゃんと考えたことを示して、好意を寄せて
いるという印象を強めます。

　また、プレゼントを渡すときに、日本人は「つまら
ないものですが」と言いがちですが、そのような極端
に謙遜的な表現は、英語ではあまり用いられません。
もし、あえてそう表現しようと思って、

◆ This is not a good present.
　（これは良いプレゼントではありません）

などと言えば、相手は当惑してしまうでしょう。英語
ではあらゆることをポジティヴに表現しますので、相
手の期待感を低めるような発想法は、アメリカには存
在しないのです。

　そのため、プレゼントを渡すときには、謙遜の表現
ではなくて、もっと肯定的ニュアンスをもつ言葉を使
うほうが望ましいと思います。例えば、選んだ理由と
して、

◆ I thought blue would be a nice color for you.
　（青はあなたに似合うのではないかと思いました
　ので）

と示したり、プレゼントの品物がどんな特徴をもって

いるかを説明してもいいでしょう。

　プレゼントを渡す際は、次のような言葉を付け加えると印象が良くなります。

- I hope that you can put this to good use.
  (これを活用していただけたらうれしいです)
- Please use this in good health.
  (これを健康なときに使ってください)［これは私(カップ)の祖母がいつも言っていた、「プレゼントを受け取る人が健康であることを希望すると同時に、これを使ってください、という2つの希望が含まれる」表現です］
- I hope you'll like this.
  (これを気に入ってもらえるとうれしいです)
- I hope this will brighten your day.
  (これがあなたの一日を明るくすることを望みます)［お花や鉢植えなどの場合には特に適切な表現です］

おみやげの場合、次のような表現が使えます。

- This is just a little something I picked up for you in my hometown.
  (これは私のふるさとで買ったささやかなおみやげです)［pick upは状況によって様々な意味をもちますが、この場合は「買う」の意味です］
- I got this for you when I was on vacation.
  (休暇で出かけた際に、あなたのためにこれを買

いました)
- ◆ This is just a small souvenir from Tokyo.
（これは東京からのささやかなおみやげです）
- ◆ I was in Hokkaido last week and bought this there.
（先週北海道に行っていましたので、これを買ってきました）

What if ...? を使いこなす

What if ...?（代わりに……したらどうですか？）という英語を使うだけで、やわらかい表現になります。

相手を批判するときにyouを主語にすると、攻撃的に聞こえることは第1章で指摘しましたが、「あなたのここが間違っている」と言うよりも「代わりにここをこうしたらどうですか？」と言うほうが、やさしい言い方です。そう言われると相手も防御的にならず、素直にあなたの提案に耳を傾けるでしょう。What if ...?は決して難しい表現ではありません。ただ、動詞を過去形にすることを忘れないでください。

- ◆ Why can't you make fewer mistakes?
（なぜ間違いを減らせないのですか？）
→ What if we adopted a new checking procedure?
（新しい確認方法を導入してはいかがですか？）
- ◆ Why can't you get to work on time?

（なぜ時間通りに出勤できないのですか？）
　→What if we talked about what's causing you to be late?
　　（遅刻の理由について一緒に話し合いませんか？）
◆ Why can't you write a better report?
　（なぜもっといいレポートを書けないのですか？）
　→What if we sent you to a class where you could learn some report-writing tips?
　　（レポートを書くスキルを学ぶための講習に出席してもらうのはどうですか？）

提案の方法

　上記のように、What if ...? を使った表現は、提案をする際にも使えます。別の表現で丁寧に聞こえるものをいくつか挙げておきます。

◆ You might want to try beige for this room.
　（この部屋にはベージュ色を使ってみてはいかがでしょう）
◆ I suggest you try beige for this room.
　（この部屋にはベージュ色を使ってみてはいかがでしょう）

　こう提案したあと、次のように付け加えるとさらに話がスムーズにいきます。

◆ Beige would really look good in this room.
（この部屋ではベージュ色がきれいに見えると思います）
◆ Have you considered using beige in this room?
（この部屋にはベージュ色を使うことを検討したことはありますか？）
◆ I saw a similar room painted beige and it looked great.
（似たような部屋がベージュ色に塗ってあるのを見ましたが、とても素敵でした）

仮定法を使いこなす

提案をするとき、仮定法を使うことで、間接的で押し付けがましくない印象になります。先ほども述べましたが、実際、ネイティヴは仮定法を頻繁に使います。仮定法を自由自在に使うことができるようになれば、かなりネイティヴの英語の近づいたことになります。

◆ If I were you, ...
（もし私があなたでしたら……）
◆ If I were in your shoes, ...
（もし私があなたの立場だったら……）
◆ If I were in your place, ...
（もし私があなたの立場だったら……）
◆ If it were me, I would ...

(もし私があなたでしたら……)

ちなみに、仮定法を使うかどうかは気持ちの強さによって変わります。例えば、「もし本を書くなら……」と言うときに、書かないという気持ちのほうが強い場合は、仮定法を使います。

- If I were going to write a book, I would write a novel.

(もし本を書くとしたら、小説にするでしょう)

一方、書きたいという気持ちのほうが強いときは、現在形を使います。

- When I write a book, it's going to be a novel.

(本を書くときには、小説にするつもりです)

仮定法は英語を難しい言語にしている要因の1つです。微妙なニュアンスにも敏感でなければ、予想外の結末になることがあります。

- If only you would marry me!

(私と結婚してくれたらなあ)

は、少なくとも一度断られている場合に使います。また、

- If only that hadn't happened.

(あれさえ起こっていなければよかったのに)

のように使う場合は、後悔の念を示します。

ほかに仮定法には以下のような表現もありますので紹介しておきます。

- He could have done a better job.

(彼はもっとうまくやれたはずです)
◆ I could have done better myself.
(自分でやったなら、もっとうまくできたはずです)
◆ I couldn't be happier.
(最高にうれしいです)
◆ I would if I could.
(可能であれば、いたしますが［無理でしょう］)
◆ I wish that I could.
(できればいいのですが［無理でしょう］)
◆ That kind of noise could drive a person crazy.
(そんなにやかましいと、正気を失ってしまう人もいるかもしれません)
◆ I could have been a star.
(私はスターになれたかもしれません)
◆ I wouldn't want to try that.
(それを試したくありません)

ネガティヴなニュアンスの強い単語を使うと品格が下がる

hateは「嫌い」という意味ですが、「許せないくらい嫌い」というような強いニュアンスをもっています。第2章でstupidが非常に強い言葉であることを述べましたが、このように否定的な意味の強い単語を使うことは、あまり品が良いとは言えません。次のように、

やわらかい表現を使うように心がけましょう。

- I hate it when you do that.
 （それをあなたがやるのが本当に嫌です）
 → I do not feel very comfortable when you do that.
 （それをあなたがやるのをあまり歓迎しません）
 [comfortableは日本語の「快適」という意味よりも、はるかに広い範囲で使われます]

- That drawing is bad.
 （あの絵は良くないです）
 → That drawing needs improvement.
 （あの絵は改善が必要です）[needs improvementは良くないことを示すためのソフトな表現ですが、問題があるということをはっきり伝えています]

- The result was no good.
 （結果が良くなかった）
 → There were issues with the result.
 （結果には問題があった）[issuesは「問題」を示しますが、problemと違って否定的なニュアンスがありません。「課題」と訳す場合もあります]

客観的な言い方をする

客観的な言い方は、相手の意見に反対するときも便利です。「自分の意見ではない」と示すことによって、

「私」が「あなた」を批判しているわけではないことを強調できるからです。例えば、取材をしているとき、Some people might say that ...（……と言う人もいるかもしれません）という表現を使って相手の意見に反論することがあります。

◆ Some people might say that your strategy is not effective.
（あなたの戦略は効果的ではないと言う人もいるかもしれません）

このような言い方をすると、相手は個人攻撃されたと思わないので、感情的にならずに本音で答えてくれます。品格のある英語の条件として、相手の気持ちを苛立たせないことはとても重要です。

◆ Some people might think that ...
（……と思う人もいるかもしれません）

◆ Some people might draw the conclusion that ...
（……という結論に達する人もいるかもしれません）

という言い方も使えます。同様に、

◆ That is unfair.
（それは不公平だ）

と直接的に言うより、

◆ That could give the appearance of unfairness.
（それは不公平のように見えるかもしれません）

という言い方をすれば、攻撃的にならずに問題を指摘

することができます。

疑問文を平叙文で言うと品格が上がる

　何か依頼したい、または質問がある場合、疑問文ではなく平叙文を使うほうが洗練された印象を与えることができます。例えば、

- Do you have time to help me with this project?
（このプロジェクトを手伝ってくれる時間はありますか？）

と言うよりも、

- I was wondering if you might have time to help me with this project.
（このプロジェクトを手伝っていただける時間はないだろうか、と思っているのですが）［要は「手伝っていただけますか」の意味］

と言うことで品のある表現になります。実際ネイティヴは、後者の言い方をよく使います。ちなみにここでも、24ページに出てきたケーキを注文するときの例と同じように、I was wondering if ... と過去形を使っています。これは、今この瞬間に聞きたいと思ったわけではないからです。ただし、現在形を使っても間違いではありません。

表現を和らげることは品格につながる

ネガティヴなことを言わなければならない場合は、婉曲的表現を使いましょう。例えば、

- ◆ This is a problem.
  (これは問題です)

とストレートに言わずに、

- ◆ There seems to be a problem.
  (問題があるようです)
- ◆ There might be a problem.
  (問題があるかもしれません)

と言ったほうが、品格が上がります。同様に、

- ◆ There's a problem with the battery.
  (電池に問題があります)

より、

- ◆ It looks like there's a problem with the battery.
  (電池に問題があるようです)

のほうが丁寧に聞こえます。なお、カジュアルな会話では冒頭のitを省略することが多いです。

このほかにも、ニュアンスを和らげるための表現として次のようなものがあります。

- ◆ It sounds like there's something wrong with ....
  (……には問題があるようです)
- ◆ I suspect that there's ...
  (……があるのではないかと思います)

第3章　品のある英語に仕上げるためのスパイス　119

◆ My guess is that there's ...
 (……があるのではないかと推測します)
◆ It's possible that there's ...
 (……がある可能性があります)

　婉曲的に言ったほうがいいか、直接的に言ったほうがいいかは、相手や状況によります。地域、年齢、職業、性格などの要素も関わってきますが、それらを見極めることは非常に重要です。まず、相手のアメリカ人がどんな言い回しを使っているかをよく観察しましょう。

　繰り返しますが、アメリカ人は、何でもストレートに表現するというのは間違いです。確かに日本人よりストレートな表現をたくさん使いますが、常にそうであるとは限りません。必要に応じて、婉曲的な表現を使えるようになることはとても重要です。

英語で「本音」と「建て前」にあたるものはあるか?

　最近、私（カップ）はアメリカ人の友人2人と食事をする機会がありました。そのとき人間の言動についての話題になり、友人の1人が、

◆ So often, people say what they think other people want to hear, rather than what they really feel.
 (しばしば、人は自分の本当の気持ちより、他人

が聞きたがっていると思うことを言う）と発言しました。それに対して、もう1人の友人が大いに賛同して、このテーマで会話が続きました。私は静かに聞いていましたが、しばらくたってから、「実は、こういったことを示すために、日本では特別な言葉があるのよ。それは〝本音〟と〝建て前〟と呼ばれている」と口を挟みました。

友人は興味深そうに聞いたあと、「日本語にはそういう言葉があるのは便利ですね。でも今言っていたように、アメリカにも同じことはあるのよね。結局それは、人間性に関することじゃないかな？」とつぶやきました。

実は、日米の文化の違いについて教えている私のような異文化コンサルタントの多くは、日本の文化を説明する際に「本音」と「建て前」というコンセプトを紹介します。しかし、私自身は異文化セミナーでは絶対にそれを口にしませんし、私の部下である講師にも禁止しています。そんなことをすれば、日本人は本音を隠している、嘘を言う国民といった悪いイメージを作ってしまいかねないからです。

なお、上記の友人との会話で出たように、確かにアメリカにも「本音」と「建て前」に相当するものはあります。ただ、日本語にはそのための特定の言葉があるところが違います。アメリカ英語では、「建て前」に相当する言葉を1つの単語では表現できません。よ

く使われるものを紹介しますと、

1. little white lie（善意からくる小さな嘘［悪意の「黒い」ものと対照的に］）
2. bending the truth（事実を歪める）
3. political correctness（差別的な意見をもっていても、それを口にしない。社会で「正しい」と思われている言葉を使う）
4. toeing the party line（自分の考えと違っていても、自分が属している組織［政党など］のコンセンサスや綱領に沿った発言をする）
5. being diplomatic（外交官のように、否定的な情報を控えめに言う。角を立てずにうまく話す）
6. stretching the truth（事実を誇張する）
7. being vague on purpose（わざと曖昧に言う）
8. reflexive optimism（反射的な楽観主義）

などがあります。

　日本人の目から見れば、アメリカ人は何でもかんでもストレートかつ正直に表現するように見えるので、建て前のようなものがあることに驚くかもしれません。確かに、アメリカの社会ではhonesty（誠実さ）は非常に大切にされていますし、アメリカ人は相手が聞きたくない否定的情報を日本人より躊躇なく言えます。しかし、それでもビジネスとプライベートにかかわら

ず、日常的な接触において、事実を言いにくい場面が生じます。

アメリカ人が建て前を利用する状況を分析すると、衝突やぎくしゃくした状況を避けようとしている場合が多いと言えます。

英語の「建て前」と「本音」――実例編

それでは、アメリカ人の「建て前」の種類とそれに相当する「本音」の例を具体的に見てみましょう。

1. little white lie（善意からくる小さな嘘［悪意の「黒い」ものと対照的に］）

これは人を騙すためにつく嘘ではなく、善意からつく嘘のことです。男女関係で考えてみましょう。デートに誘われたとき、「興味はありません」と答えるのはちょっとストレートすぎて相手の感情を傷つける可能性が高いので、実際にそうではなくても、

◆ Actually, I'm seeing someone right now.
（実は、今付き合っている人がいます）

と言う人はけっこういます。これは little white lie の例になります。

また、以下のような会話も考えられます。

Jane: I just had my hair cut. What do you think about my new hairstyle?

ジェーン：たった今、髪の毛を切ってきたの。私の新しいヘアスタイルをどう思う？

Kelly:(Actually, Kelly thinks Jane does not look good with the new hair cut.) It's really cute!

ケリー：(ケリーは内心、ジェーンの新しいヘアスタイルが似合っていると思わないが) とてもかわいく見えるよ！

このような嘘は人を気持ちよくさせるためにつく little white lie だとアメリカでは考えられています。

この反対は、being forthright（率直に話す）で、その場合、ケリーは、

◆ I think I like the old one better.
（前のほうが好きだったなあ）

などと言うはずです。

2. bending the truth（事実を歪める）

ジョンは仕事を終えたあと、仕事の同僚ジェリーと一緒に飲みに行きました。家に戻ると、妻は「何をしていたの？」とたずねてきました。それに対してジョンは、

◆ I had some work matters to discuss with Jerry.
（ジェリーと仕事のことを話さなければならなかったんだ）

と答えます。しかし実は、会話のほとんどは仕事以外のテーマでしたから、bending the truth をしている

ことになります。その反対になるのは、telling it like it is（事実をそのまま述べる）です。この場合ジョンは、

◆ I had a couple of drinks with Jerry.
（ジェリーとお酒を飲みに行ったんだ）

と言えばそれが telling it like it is になります。

3. political correctness（差別的な意見をもっていても、それを口にしない。社会で「正しい」と思われている言葉を使う）

これはよくPCと略されますが、直訳すると「政治的な正しさ」という意味で日本語の建て前に相当します。例えば、次はPC的に正しくない発言になります。

◆ I think that women should not work as bus drivers.
（ぼくは女性がバスの運転手として働くべきだと思わない）

対照的に、仮にそのように思っていなくても、

◆ A woman can be a bus driver and a man can be a homemaker!
（女性もバスの運転手になれるし、男性も主夫になれますよ！）

と言えば、PC的に正しい発言になるわけです。もちろん実際にそう思っているのであれば、自分の本音ですのでPCとは関係なくなります。

第3章 品のある英語に仕上げるためのスパイス

4. toeing the party line（自分の考えと違っていても、自分が属している組織［政党など］のコンセンサスや綱領に沿った発言をする）

例えば、会社の方針として、作業員は全員、硬い生地の制服を着る規則があり、マネージャーのトムは個人的にはその制服は快適ではないと思っている、という場合を想定してみましょう。トムは管理者である立場上、そのことを口にできません。作業員から制服について苦情があったとき、彼は toe the party line をして、制服の良い面ばかりを強調して、

◆ Our uniform makes us look more professional, and it's important for team spirit.
（当社の制服を着ると、よりプロフェッショナルに見えるし、チームの一体感のためにも大事なことです）

というようなことを言うでしょう。

toeing the party line の反対として、say what you think and damn the consequences（思っていることをそのまま言ってだいなしにしてしまう）があります。

この場合、トムが、

◆ I really hate those uniforms too.
（私もその制服が大嫌いです）

と言えば、それを実践していることになります。

5. being diplomatic（外交官のように、否定的な情

報を控えめに言う、角を立てずにうまく話す）

　例えば、ビジネスでは欠員補充のために面接をして、その人を採用しないと決めたら、普通その本当の理由をはっきり言わずに、

　◆ It's not a good fit.

　（あなたはこの職務にうまくマッチしていない）

というような曖昧な表現を使います。これは being diplomatic の例です。

　例えば、サービスが悪いので現在の発注先を変えなければならなくなったとしましょう。将来、またその会社と取引を再開する可能性があるので、彼らに対して良い感情をもっていなくても、上手に話さなければならないと感じています。そのため、次のように言うしかありません。

　◆ We have to make some changes in our vendors, and, unfortunately, we are not able to continue working with you.

　（取引先を変更しなければなりませんので、残念ながら、御社とのお仕事を続けることはできません）

　男女関係でも微妙な問題があります。もし男性が妻やガールフレンドから、

　◆ Does this make me look fat?

　（これを着ると、太って見える？）

と聞かれたとき、正直に答えたら大失敗です。そう思っていなくても、

◆ It looks wonderful on you.
  （とても似合っているよ）

と言うと、being diplomaticを実践していることになります。

　子供も難しい領域です。例えば、友人や同僚の赤ちゃんや孫の写真を見せられて、その子供が本当はかわいいと思わなくても、

◆ How cute!
  （かわいいですね！）

のほかに正しい発言はありません。これもbeing diplomaticの例です。

　この反対はdon't mince words（言葉を選ぶ際、遠慮しない）です。前述の例に戻って考えると、

◆ Your service is terrible so we are firing you.
  （サービスがひどいから御社との取引を中止します）

と言えば、don't mince wordsの実践になります。

6. stretching the truth（事実を誇張する）
　本当はスペイン語を少しだけしか話せないのに、

◆ I'm really good at Spanish.
  （私はスペイン語が堪能です）

と言えば、それはstretching the truthになります。
　stretching the truthの反対は、don't exaggerate（大げさに言わない）です。この場合、

◆ I only speak a bit of Spanish.
　（スペイン語を少しだけ話せます）
と言えば、その実践になります。

　同様に、採用面接では、何かができるかと問われたアメリカ人はすぐに、
◆ I can do it.
　（できます）
と答えます。確実にできるわけではなくても、できる可能性が50％以上でしたらおそらくそう言います。そのとき、本音として考えていることは、「がんばれば、できるはず」ということです。自信と前向きさを評価するアメリカでは、こういった多少大げさな建て前は許されています。これはstretching the truthの一例です。日本では「はったり」になるかもしれません。

7. being vague on purpose（わざと曖昧に言う）
　これは日本人が特に頻繁に使う建て前の種類ですが、アメリカ人もけっこう使っています。会社に売り込みにきた人に対して、アメリカ人がよく言うのは、
◆ Let's do lunch sometime.
　（いつか、昼食を一緒に食べましょう）
です。これを文字通りに解釈することはできません。この表現には、表面では好意的なイメージを示しながら、具体的な日時が提案されていないため、実はあまり乗り気ではないという感情が含まれています。

また、例えば、あまり興味のない提案を受け、それについて「どう思いますか?」と聞かれたとき、

◆ It's an interesting idea, and we are looking to see how it might fit in with our plans. I'll get back to you about it when we're ready.
(とても興味深いアイデアで、当社の計画にどのように組み入れられるかを考えています。準備ができたときに連絡します)

と言えば、これは being vague on purpose の例になります。

また、アメリカの独身女性にとっていつも苛立ちの種なのですが、デートの終わりに、

◆ I'll give you a call.
(電話します)

と男性は言うのに、その後、全然電話してこないことはよくあります。デートの最後に何か肯定的なことを言わなければならないプレッシャーを感じても、本音では関係を継続させたいとは思っていないので、それが結局行動（電話しないこと）で明らかになります。これは being vague on purpose の例です。

この反対は being brutally frank（厳しいほど率直に言う）です。この場合、前述の提案への答えとして、

◆ We aren't interested.
(興味がない)

と言えば、それは being brutally frank になります。

8. reflexive optimism（反射的な楽観主義）

 これは、結果が良くなるかどうか分からないし、結果を保証できなくても、相手が望むような楽観的なことを反射的に言う場合です。例えば、相手の会社が倒産して仕事を失ったと聞いたら、

◆ Don't worry, everything is going to turn out ok.
（心配しないで。全部うまくいきますよ）

と言えば、これは reflexive optimism です。

 この反対は、call it as you see it です。この表現は野球からきていて、審判員がプレーを見たまま正確に判断することを意味します。上記の例では、

◆ It's going to be hard for you to find a job in this rough economy, especially since you're over 40.
（今の厳しい経済状況では、仕事を見つけるのは難しいでしょう。40歳を超えているので、特に難しいと思います）

と言うことがそれにあたります。

 もう1つアメリカ人がこの reflexive optimism を使うのは、自分をよく見せる場合です。例えば、「何かの任務を締め切りまでにできるか」あるいは、「ある水準を達成できるか」と問われたとき、アメリカ人が頻繁に返すセリフは、

◆ No problem.
（問題ない）

です。これは「問題は絶対起こらない、必ず問題なく

できる」という意味ではありません。むしろ、「私には対応できない問題はないので、心配しないで私に任せてください」という意味です。**自信をもってがんばれる人間だということを示すための表現なのです。**これはreflexive optimismだと言えます。

　日本人がアメリカで本音を言わないことが問題につながることもあります。実績評価はその良い例です。年度末に日系企業の在米日本人駐在員マネージャーは、部下の仕事ぶりを評価表に記入しなければなりません。頻繁に起こる事例として、部下の仕事の水準はあまり高くないのに、日本人は建て前として良い点数を付けてしまうことがあります。本音を書くことによって、部下との関係が悪くなることを懸念しているから、甘い評価になるのではないかと思われます。

　しかし、アメリカでは、評価表は上司と部下の間のものだけではなく、正式な記録書類になります。そのため、以下のような問題が頻繁に起こります。

　仕事での問題点が評価の際に指摘されていないので、ある女性従業員の業務が改善されない。数年たつと、会社がその人物にうんざりして、彼女に解雇を言い渡す。しかし、解雇された人間は会社に対して訴訟を起こす。その場合、その人の言い分は、「自分の仕事には問題がなかった。その証拠に、評価表はいつも良い点数だった。解雇されたのは、自分が女性［あるいは、少数民族、40歳以上など］だったからだ。明らかにこの

解雇は差別的だ」というものです。
　経営コンサルタントとして、私はこのような事例をこれまでたくさん耳にしています。

第4章

品格のある英語で
好感度を上げるコツ

ビジネス実践編 2

ここまで、品格のある英語を話すため様々な問題を考えてきましたが、この最終章では、ビジネスや日常生活ですぐに使える実用的な表現を紹介します。「挨拶」「値段の交渉」「感謝を伝えたいとき」「相手をほめたいとき」「お悔やみの気持ちの表し方」など、できるだけ多くの状況を想定して例文を考えてみました。

話しにくいことを切り出す方法

話しにくいことを切り出すためには、まずそれを認める言い方をしましょう。

◆ I realize that this is a sensitive topic, ...
（これは繊細な話題だということは分かっていますが……）

◆ I don't want to step on anyone's toes here, ...
（人を怒らせるような行為をしたくないです……）
[step on someone's toesは「人の領分を侵す、感情を害する」という意味]

◆ I realize that some people have strong feelings about this, ...
（このことに関して激しい感情をもっている人もいると思いますが……）

◆ This is hard for me to bring up, ...
（この話題を提起するのは私にとって簡単なことではありません……）

◆ This is hard for me to talk about, ...
（これについて話すのは私にとってつらいことです……）

◆ This is rather difficult to talk about, ...
（これについて話すのはかなりつらいです……）

◆ I don't want to be a bull in a china shop, ...
（無神経な人になりたくないです……）[a bull in

a china shopは「がさつな人、無神経な人」という意味]

このような言い方で始めてから、次のように、「どうしても話さなければならない」ということを伝えます。

◆ ..., but I do think that it's important to discuss this.
　（……しかし、これを話し合うことは大切だと思います）
◆ ..., but it is something we need to talk about.
　（……しかし、それについて話す必要があります）
◆ ..., but it is something that needs to be addressed.
　（……しかし、それは取り組まなければならないことです）
◆ ..., but we do need to get this on the table.
　（……しかし、これを話し合いの対象にする必要があります）
◆ ..., but I think this is something that should not be ignored.
　（……しかし、これは無視してはいけないことだと思います）

本題に入りたいとき

時間が限られている会議などでは、なるべく早く本

題に入らなければならないかもしれません。そういうときは、次のような表現を使います。

- Let's not beat around the bush.
  (遠回りな言い方はやめましょう)[直訳：やぶの周りをたたいて獲物を追い出すのは避けましょう]
- Let's get down to the nitty-gritty.
  (問題の核心に入りましょう)
- Let's cut to the chase.
  (本題に入りましょう)
- The bottom line is ...
  (要点は……)
- Getting straight to the heart of the matter ....
  (テーマの中心に入りますと……)
- The key issue here is ...
  (ここで鍵となる課題は……)
- I think we should focus on ...
  (……に重点を置いたほうがいいと思います)

言い換えたい場合

何かを説明する際に、別の表現や言い回しにすると効果的です。その際は、突然言い換えるのではなく、以下のような表現を挟むと会話がスムーズに流れます。

- Let me put it another way.
  (別の言い方をしてみましょう)

- ◆ In other words, ...
  (言い換えると……)
- ◆ Another way to say that would be ...
  (それを別の言葉で言うと……)
- ◆ What I mean is ...
  (言いたいのはつまり……)
- ◆ To clarify that, ...
  (それをさらに明確に言えば……)
- ◆ What I really want to say here is ...
  (ここで本当に言いたいのは……)
- ◆ What I mean by that is ...
  (ここで言いたいのは……)
- ◆ What I meant by that is ...
  (ここで言いたかったのは……)

「……ということにしましょう」と言いたい場合

　ジャーナリストの世界では情報交換が頻繁に行われます。普通なら渡してはいけない情報も、信頼関係ができていれば交換することがあります。そのような場合はやりとりのあと、

- ◆ I didn't give it to you.
- ◆ I didn't say that.
- ◆ You didn't hear it from me.

と言うと、「渡さなかった（聞かなかった）ことにし

てくれ」という意味になります。「……ということにしよう」と言いたい場合、Let's ...を使った表現もよく使います。

- Let's act as if we didn't see each other today.
 （今日は会わなかったことにしましょう）
- Let's pretend I didn't hear anything.
 （何も聞かなかったことにしましょう）[Let's pretendを省略してI didn't hear anything.とだけ言うこともあります]

この表現は、状況によっては、ビジネスの場面でも使えるものです。

急ぎではないと伝える場合

例えば頼んだ仕事が至急ではない場合、次のような表現を使ってそれを伝えることができます。

- It's not urgent.
 （緊急ではありません）
- It's not a rush.
 （急ぎではありません）
- It's no rush.
 （急ぎではありません）
- Let's put it on the back burner for now.
 （とりあえず後回しにしましょう）[burnerは文字通りにはガスコンロのことです]

◆ Let's set this aside for the time being.
（これをとりあえず棚上げしましょう）

日本語の発想にはないものですが、

◆ It can wait.
（後回しにできます）

というように、モノが主語になっている表現もよく使われます。

急ぎたい場合

一方、反対に何かを優先させたいときは、次のように言います。

◆ Let's prioritize this.
（これを最優先にしましょう）

◆ Let's make sure this gets done first.
（これを最初に片付けましょう）

◆ Let's make this priority Number One.
（これを最優先にしましょう）

◆ This should be our top priority.
（これを我々の最優先にすべきです）

◆ Let's put this at the top of our agenda [to-do list].
（これを「することのリスト」のトップにしましょう）

agendaも議題という日本語だけで覚えていると、

そのより広い意味をつかめません。agendaは「やろうとしていること」というニュアンスなので、会議の場合は「議題」になりますが、それ以外のときには「課題」や「政策」を意味することもあります。hidden agenda（隠された思惑）という表現もあります。これはulterior motive（下心）と同じ意味です。

確認の仕方

相手の言っていることをきちんと理解しているかどうか確認することは重要です。よく分からないのに分かったふりをしてあとで聞き返すよりも、その場で確認して未然に誤解を防ぐほうが望ましいのは当たり前ですね。確認するときは、次のような表現を使いましょう。

- ◆ Let me make sure that I got that right.
  （正しく理解したかどうか確認させてください）
- ◆ Let me make sure that I have this down correctly.
  （正しく書き留めたかどうか確認させてください）
- ◆ Let me repeat this back to you to make sure I have it right.
  （正しく記録したことを確かめるために、繰り返させてください）

ちなみにLet me ...は、相手の許可をもらいたいと

きにとても便利な表現です。例えば、仕事中に電話がかかってきてどうしても中断できないときは、次のように言います。

◆ Let me just finish up what I'm doing and call you back in 5 minutes.
（今やっていることを終わらせてから、5分後に折り返し電話してもいいですか？）

ゆっくり話してもらいたいとき

ネイティヴ同士の早口の会話についていくのは、多くの日本人にとって至難の業です。しかし、

◆ Please slow down a little bit.
（もっとゆっくり話してください）

と言っても、外国人と話すのに慣れていないネイティヴの人は、なかなか話す速度を落としてくれない可能性があります。残念ながらアメリカ人の多くは英語以外話せないので、外国語で会話をすることがどのくらい難しいのか、想像がつかないのです。そういうときは次のように言うといいでしょう。

◆ Please don't forget, I am not a native speaker of English. I would appreciate it if you could please slow down a (little) bit.
（私にとって英語が母語ではないことを、どうか忘れないでください。もう少しゆっくり話してい

ただけると助かります)

話の脱線を指摘したいとき

会話をしていて話が脱線することはよくありますね。それを指摘したいときは、次のような表現を使います。

- You are digressing.
  (脱線しています) [これは直接的な表現]
- That's a bit off the topic.
  (話が少しずれています)
- That's getting into a different subject.
  (違う話題になってきましたね)
- We seem to have gotten away from the main point.
  (主題からずれたようです)
- I'm afraid that you've gone off on a tangent.
  (話が脱線したようです)

「また会いましょう」「ご無沙汰しております」と伝えたいとき

別れるときに使う英語として、
- I hope to see you again.

は誰もが知っている表現ですが、実はあまり使われていません。会わないことが前提になっているように聞

こえるので、あまりポジティヴなニュアンスがないからでしょう。その代わりに、次のような粋な表現が使われます。

- I hope we cross paths again soon.
  （近いうちまたお会いできればうれしいです）
  [cross pathsは「自然に（意図的ではなく）出くわす」という意味]

次に紹介するのは、「連絡を取り合おう」と言いたいときによく使う表現です。

- Let's keep in touch.
  （これからも連絡を取り合いましょう）
- Let's stay in touch.
  （これからも連絡を取り合いましょう）
- Don't be a stranger.
  （近いうちにまた）[これは少しカジュアルな言い方]

これらの表現に関連して、

- Long time no see.
  （久しぶりです）

あるいは、

- It's been a long time（since we last spoke）.
  （最後に話してから、しばらくたちますね）

という言い方も便利です。カッコの中はほとんどの場合省略されます。

これに関連して「ご無沙汰しております」という場合には以下のように言えばいいでしょう。

第4章　品格のある英語で好感度を上げるコツ　145

◆ I'm sorry to have been out of touch for so long.

◆ I'm sorry to have been such a poor correspondent.

「こんなところで（あなたに会うなんて）偶然ですね」と言いたい場合は、

◆ Fancy meeting you here.
（直訳：あなたに会うなんて驚きだ）

◆ Speak of the devil.
（うわさをすれば影）［カジュアルな表現］

という表現があります。

気の利いた表現で会話を豊かにする

「マンハッタンに行ったとき、御社にサンプルを取りに伺います」というメールを出したら、次のような返事が返ってきました。

◆ Just give me a heads-up on the 9th when you want to drop by.
（いつ弊社に寄るのか、9日になったら教えてください）

このheads-upは「注意」や「警告」という意味ですが、give me a heads-upは「事前に教えてください」という軽いニュアンスです。

もう1つの例を挙げましょう。最近、翻訳業者に、こういったメールを出しました。

◆ I don't know exactly when it will be ready to

send to you, but I just want to give you a heads-up that I'll have a translation request for you sometime in the next few weeks.

（具体的にいつになるかは分かりませんが、これから数週間のうちに翻訳の依頼を送る予定だということを前もってお知らせしておきます）

それに対し、次のような返事が返ってきました。

◆ Thanks for the heads-up.
　（知らせてくれてありがとう）

heads-upはネイティヴがよく会話で使う便利な表現なので、ぜひ覚えておきましょう。

もう1つの便利な表現はtouch base。「連絡する」という意味で、由来は野球のベース（base=塁）です。ニュアンスとしては、短い会話で、相手に意見や情報を聞くことです。

◆ I'll touch base with you after my business trip.
　（出張から戻ったら、連絡します）

◆ Please touch base with Susan before you call the customer.
　（顧客に電話する前に、スーザンさんと連絡をとってください）

また、wrap upも便利な表現です。「何かを終了する」「まとめる」という意味です。次のように使います。

◆ After I wrap up things here at the office I plan to go to the gym.

(事務所で仕事を片付けてから、ジムに行くつもりです)
- We expect to wrap up work on the Smith project by Tuesday.
(スミス・プロジェクトの仕事は火曜日までに終了する見通しです)
- We're getting close to the scheduled ending time for this meeting, so let's wrap up.
(会議が終了予定の時間に近づいていますので、まとめに入りましょう)

うまくいかなかったときの英語

- How did it go?
(どうだった?)

と聞かれて、「うまくいかなかった」と言いたいときは誰にでもありますが、それを英語で言う場合、どのような表現があるでしょうか。

- Things just didn't work out.
([理由は分からないけれど]結局うまくいきませんでした)
- It didn't go as well as expected.
(予想したほどうまくいきませんでした)
- It didn't meet our expectations.
(それは我々の期待に沿いませんでした)

- There was some room for improvement.
  （改善する余地がありました）
- We would have liked it to be better.
  （もっとうまくいけばよかったのですが）
- It was disappointing.
  （がっかりしました）

人を採用して、うまくいかなかったときは、not a good fitを使います。

- It wasn't a good fit.
  （その人は［会社に、あるいは私に］合わなかった）

恋愛の場合、例えばお見合いデートや友達の紹介で会った人とうまくいかなかったときに使うこともあります。

noを使わない否定

日本人がNo.と言わないというのは、有名な話ですね。相手に同意しない場合でも、No.ではなくてYes, but ... と言う日本人をよく見かけます。しかしこれでは、誤解のもとになってしまいます。

日本人は、「あなたの言っていることは分かります」いう意味でyesを使い、「しかし」と反対するつもりでbutをつけているのですが、アメリカ人にとってこれは非論理的です。なぜなら、yesは賛成を意味する

からです。Yes, but ... では、「賛成だけど反対」のような、矛盾した言い方に聞こえます。

「あなたが言いたいことは分かります」ということを伝えつつ、賛同を示さないためには、yesの代わりに次のような表現を使いましょう。

- ◆ I see your point.
  （あなたの論点は分かります）
- ◆ I recognize where you are coming from.
  （あなたがなぜそう言うのか分かります）
- ◆ I hear you.
  （分かります）
- ◆ I understand what you mean.
  （あなたが言いたいことは分かります）
- ◆ Thank you for your opinion.
  （ご意見をありがとう）

このあとに、butあるいはhoweverと言って、賛成ではないということを伝えればいいのです。そうすることで、相手の意見を尊重しながら、それに反対することができます。

また、leastは日本語にはない表現ですが、否定を表す婉曲的な英語を話すためには欠かせない便利な単語です。

- ◆ I like this least of all.
  （最も気に入っていないのがこれです）
- ◆ I don't mind in the least.

（全然かまいません）
- It's the least appealing option to me.
 （すべての選択肢の中で、それが私にとって最も好ましくないものです）
- That's the least of my worries.
 （それは心配するにはあたりません）
- That's the least of my problems.
 （それはささいな問題です）
- To say the least, ...
 （控えめに言っても……）

プライバシーについて

アメリカ人はプライベートなことを職場で話すのを好まない傾向があります。何か質問して、相手に、
- That's personal.
 （それはプライベートなことです）

と言われたときは、それ以上追及してはいけません。相手の個人的なことを詮索しているようで失礼になります。逆にあまり話したくないことを聞かれた場合は、
- I would rather not talk about it.
 （それについて話すのを控えさせていただきます）

と言って断るといいでしょう。

間違えたと思ったときに言い直す方法

相手の反応がおかしいなと思ったときは、自分の意図が正しく相手に伝わっていない場合もあるので、次のように言って誤解を解きましょう。

- Did I say something strange?
 (何か変なことを言いましたか？)
- Was there a problem with something I said?
 (私の発言に何か問題がありましたか？)
- Perhaps I didn't say that well. What I meant is ...
 (あまりうまく言えなかったみたいです。言いたかったのはつまり……)

なんとかします

日本語でよく使う「なんとかします」を表現する場合は、以下のような英語がいいでしょう。

- We'll take care of it.
 (解決します)
- We'll deal with it.
 (対処します)
- We'll handle it.
 (対処します)

もう少し硬めの言い方も紹介します。

- We'll decide how to handle it.

（どうやって対応するかを決めます）
- We'll figure out the best way to deal with the situation.
（状況に対処する一番いい方法を考えます）

「明日までに仕上げよ」と言われて、できそうにないとき

　会社で上司に明日までに仕上げなければならないプロジェクトを頼まれて、現実的にそれが無理そうなとき、ただ「できません」と答えると、あなたに落ち度があるように聞こえてしまいます。そのようなときは、次のような受け答えをするとよいでしょう。

- Unfortunately, I don't think that's realistic.
（残念ながら、それは現実的ではないと思います）
- Of course I'll do my best, but I'm afraid that even if I stay up all night working on it, there's not enough time to get it done.
（もちろんベストを尽くしますが、残念ながら徹夜しても、仕上げる時間はないかと思います）
- In order to get it done by tomorrow, I would have to cut a lot of corners. Is that alright with you? Personally I would prefer to have more time so that I can do a better job.
（明日までに終わせるためには、おざなりな仕事になってしまうと思います。それでも大丈夫でしょ

うか？ 個人的には、きちんと仕事ができるように、もっと時間をいただきたいのですが)[cut corners は「手を抜く、近道をする」という意味の熟語]

「今日はこれでおしまいにしましょう」と言いたいとき

仕事が順調にはかどっていても、時間が来てしまってどうしても切り上げなければならないときには、以下のような表現が便利です。

- Let's wrap things up for today and continue this discussion tomorrow.
 (今日はこれで切り上げて、明日またこのディスカッションを続けましょう)
- We've covered a lot today. Let's stop here and pick this up tomorrow morning.
 (今日はたくさん手をつけることができました。ここで中断して、明日の朝に続きをしましょう)
- I think we've reached a good stopping point for today.
 (今日は、ちょうど切りがいいところまできたと思います)
- What do you say we call it quits for today?
 (今日はこのくらいで終わりにしませんか？)[カジュアルな表現]
- Let's finish up for today and start fresh

tomorrow.

(今日はここで切り上げて、明日からまた新しく始めましょう)

◆ I hate to take so much of your time since I know that you are busy.

(ご多忙だというのは承知していますので、お時間を取らせたくありません)

◆ I'd better let you go home.

(家に帰れるように、あなたを解放してあげないといけないですね)

◆ Let's call it a day, and pick up where we left off in the morning.

(今日の仕事を終わりにして、明日の朝、続きからまた始めることにしましょう)

切り上げたいのは自分であっても、相手のことを思って言っているように話すのが配慮ある言い方です。

感謝の表し方

第1章で述べたようにネイティヴはappreciateを非常によく使います。何でもthank youだけで済まさず、appreciateを使うとより洗練して聞こえます。例を見てみましょう。

◆ I really appreciate you sticking up for me [siding with me] in the meeting.

（会議で私の弁護をしてくれてどうもありがとうございました）

この場合sticking up for meの代わりにsiding with meを使うと、ケンカで自分の味方をしてくれたようなニュアンスになります。ちなみに、英和辞典に載っている、

◆ I'm grateful for your assistance.
 （力添えをありがたく感じています）

は堅苦しく古い感じがします。

◆ I appreciate your help.
 （お手伝いを感謝します）

のほうが自然です。

成果を上げたときにほめる表現

ストレートなほめ言葉を日本人は恥ずかしがる傾向がありますが、仕事で成果が上がったときなど、アメリカ人は以下のように、ストレートにほめます。

◆ What you did is making a difference.
 （あなたがしたことは良い影響を及ぼしています）
◆ What you did has had a big impact.
 （あなたがしたことは大きな影響を与えました）
◆ What you did has been an excellent contribution.
 （あなたがしたことは、すばらしい貢献となっています）

- What you did is proving to be very useful.
  (あなたがしたことは、非常に役に立っています)
- What you did has made things easier for me.
  (あなたがしたことのおかげで、私の手間が省けて助かりました)
- What you did was very meaningful.
  (あなたがしたことは、大きな価値がありました)

ほめられたときの答え方

日本人はほめられたら「とんでもないです」などと謙遜して否定しますが、英語では否定しないのが普通です。素直に「ありがとう」と受け入れましょう。

ほめられた場合は、次のように返事をするとよいでしょう。

- Thanks, I'm glad you think so.
  (ありがとうございます。あなたがそう思ってくれているなんてうれしいです)
- You flatter me!
  (直訳は「お世辞を言って！」ですが、実際は「ほめていただいて恐縮です！」というニュアンスです)
- That's very kind [nice] of you to say.
  (そのようにおっしゃってくださり、ありがとうございます)

- It makes me happy to hear you say that.
 (そうおっしゃっていただけるとうれしいです)
- Thanks so much!
 (本当にありがとうございます！)
- Thank you. I'm so glad to hear that.
 (ありがとうございます。そう言っていただけるとうれしいです)
- I'm so glad to hear your kind words.
 (親切な言葉をありがとうございます)
- That's a very nice compliment coming from an expert like you.
 (あなたのような専門家からほめていただいて光栄です)
- That's a very nice compliment coming from someone with your good taste.
 (あなたのようなセンスがいい人からほめてもらえるとうれしいです)
- That's a very nice compliment coming from someone like you who has so much experience in this area.
 (あなたのようにこの分野での経験が豊富な方にほめていただいて光栄です)

ちなみに、英語力をほめられたら、

- Thanks, I'm doing my best.
 (ありがとうございます。できる限り努力してい

ます)
- Thanks, I still have a lot to learn.
  (ありがとうございます。まだまだ学ばなければならないことがたくさんあります)

というように返せばいいと思います。

「英語がお上手ですね」とネイティヴにほめられている間は、実はまだまだである場合が多いでしょう。英語圏では、ネイティヴに近いレベルで話せるようになったら、かえって何も言われなくなります。

また、ほめられたときに「実は頑張っていたんですよ」や「成功したことを誇りに思っています」のように、自分の努力やうれしい気持ちを認めるのもアメリカでは普通です。

- Thanks, I've been working on this.
  (ありがとうございます。ずっとこれに取り組んできました)
- Thanks, it's something I've been working on.
  (ありがとうございます。これはずっと力を入れてきた分野です)
- Thanks, it's something I am proud of.
  (ありがとうございます。これは私が誇りに思っていることです)
- Thanks, it's something I really enjoy.
  (ありがとうございます。それは私がとても楽しんでいることです)

第4章 品格のある英語で好感度を上げるコツ

カジュアルな状況を想定してみると、例えばカラオケで、
　　◆ You're great!
と言われたとき、
　　◆ Actually I've been practicing.
　　（実は練習してたんです）
とさらっと返せるようになるとかなりのものです。
　こういう表現が無意識に出てくるようになるためには練習が必要です。ここで紹介した表現を積極的に使ってみましょう。相手がいない状態で練習しても実感がわきませんので、できるだけネイティヴ・スピーカーと友達になって、実際に使うと身につきます。

「昇進祝い」はどう言うか？

　昇進をした相手への「おめでとう」という気持ちを伝えるときも、肯定的なことですから、ストレートに言います。からかい半分で皮肉な発言をするのは禁物です。日本人は、例えばマネージャーに昇進した同僚に向かって、
　　◆ Are you a manager now?
のように言ってしまいがちですが、これは失礼です。「あなたがマネージャーなの!?」のような、驚いた響きがあるので侮辱的に聞こえてしまいます。次のような表現が望ましいでしょう。

- Congratulations on your promotion.
  (昇格、おめでとうございます!)
- This is a big accomplishment for you.
  (すごいことを成し遂げましたね)
- You should be proud of yourself.
  (実にすばらしいですね［直訳：自分を誇りに思うべきです］)
- It's great to see the fruits of one's labors.
  (努力が実って本当に良かったですね)

なお、Good job! は大人同士で「おめでとう」の意味で使うにはあまりふさわしくありません。上から目線といった感じで、「よくできたね!」と子供や犬をほめているように聞こえます。日本語の「よくやったね!」のような感じです。

「がんばって」をどう言うか?

日本では、誰かを励ましたり、応援したいときに、「がんばって!」という便利な表現がありますが、英語では様々なヴァリエーションがあります。

- Good luck!
  (がんばって!)
- Do your best!
  (がんばって!)
- Go for it!

（口語：がんばって！）
- I hope everything goes well.
  （全てうまくいくといいですね）
- Hang in there!
  （口語：［難しい状況で］あきらめないで）
- I'm counting on you!
  （信じています！）
- We're all cheering you on.
  （みんながあなたを応援しています）
- I'm crossing my fingers for you.
  （幸運を祈っています）［cross one's fingersは「幸運を祈る仕草」］
- Please give it your all.
  （あなたのすべてを出し切ってください）

　こういった表現の中で、日本人が注意すべきなのは、Do your best! でしょう。この表現は、想定される結果に「運命や偶然の影響がなく、その人の努力だけで決まる場合」に使うものです。その意味では、ニュアンスが近いのは、Please give it your all. です。

　日本語と同様に、誰かが試験を受ける前に「がんばって！」と励ましの言葉を投げかける場合はよくありますが、その相手が「まぐれ狙い」で試験を受ける場合に、Do your best! と言うと、相手は負担に感じてしまう場合もあるかもしれません。上記のリストにあるほかの「がんばって」の表現には、運命や偶然に頼

る気持ちが込められています。

仲間内での挨拶

　親しい間柄で使う、「元気？」のカジュアルな言い方に、
　◆ What's up?
があります。同じ意味で使われる、
　◆ How's it going?
や、
　◆ How are you doing?
もネイティヴの間で頻繁に使われます。こういった問いかけに対しての万能の答えは、
　◆ Not much.
　　（あいかわらずです）
あるいは、
　◆ I've been busy.
　　（忙しくしていました）
です。しかし、この答えだと、余裕がないように聞こえて、「忙しいならランチに誘うのはやめておこう」とか、遠慮されたりもしますので、使い方に気をつけましょう。
　しばらく会っていない人に対しては、
　◆ What have you been up to?
　　（最近どんなことをしていましたか？）

という言い方をします。

この質問に対する答え方としては、

- I've been working on a big project.
 (ずっと大きなプロジェクトに取り組んでいました)
- My boss has been keeping me busy.
 (上司にこき使われていました)

などがありえます。

- What are you up to?

は「何を企んでいるの？」というネガティヴなニュアンスがあるので要注意です。

品のない英語への対策

先述したように、テレビや映画で使われている英語は、必ずしも品のある英語ではありません。実は、ドラマチックな雰囲気を演出するために、わざと汚い言葉やスラングをたくさん使うこともあります。それらの言葉をネイティヴが日常で使っていると思わないようにしましょう。また映画やテレビで聞いた言葉を使う場合は、あらかじめそれが適切かどうか確認する必要があります。

例えば、映画でよく出てくる、

- What the hell!
 (なんてこった！)

は下品な言葉です。同じ意味でもより丁寧な
- What the heck!

を使いましょう。

上記のほかに、映画などで頻繁に使われる汚い言葉遣いと、その代わりになるもっと丁寧な表現を紹介します。

- damn（くそっ）→ darn（しまった）
- bullshit（でたらめ）→ garbage（ごみ）
- It sucks.（ひどい）→ It stinks.（ひどい）
- asshole（ばか者）→ jerk（嫌な奴）
- shit（くそっ）→ rats（しまった）
  　　　　　　　 snap（しまった）
- shitty（ひどく劣った）→ terrible（ひどく劣った）

話題を変えたいとき

会話の途中で、別のことについて話したくなったら、次のような表現を利用できます。

- Let's change the subject.
  （話題を変えましょう）
- Let's talk about something different.
  （違ったことに関して話しましょう）

あるいは、

- By the way ...
  （ところで……）

◆ That reminds me ...
　（そう言われたら、……を思い出します）
と直接的に言って、別のテーマに移ることができます。しかし、十分にスムーズにはいかないこともあるかもしれませんので、次のようにもっと微妙な方法も紹介しておきます。

・お手洗いに行く、飲み物を提供する、というように会話の流れを中断する行動をして、そのあと違ったテーマに切り替える。
・相手にお世辞を言って、テーマを変える。ほめることは話題に関連のあるものが望ましい。例えば、

◆ How did you learn so much about this topic?
　（このトピックについてどうやってそんなに詳しく知るようになりましたか？）

・話を脱線することによって、会話が違う方向に行くように導く。

交渉のための英語

日本人は、旅行の際など、不都合なことがあっても我慢してしまうことが多いようです。ビジネス以外にも、ちょっとした「交渉」を英語でできると役立ちます。まず、ホテルでトラブルがあった際に役立つ英語を紹介します。

◆ I would like to change to another room because

the air conditioner is broken.
（エアコンが壊れているので、部屋を替えていただきたい）

- There's a problem in my room. The toilet does not flush properly. I don't want to wait until you fix it, so I would like to change to another room.
（私の部屋に問題があります。トイレの水がきちんと流れません。修理するまで待ちたくないので、部屋を替えていただきたい）

- I don't care for this room. It's too noisy. I would prefer a room farther away from the ice machine.
（この部屋は好きではありません。騒音がひどいからです。製氷機からもっと離れた部屋に替えてもらえませんか？）

この場合、don't care for ... は don't like ... よりも間接的で丁寧なので好ましい表現です。また、like ... better よりも would prefer のほうが洗練されている印象になります。

予約をしていない場合、なんとかして急ぎ予約を入れてもらいたいときにも「交渉」が必要です。例えば、急な腹痛で行きつけの医院に電話して、予約が一杯だけれどもどうしても診てもらいたい場合、次のように頼むといいでしょう。

- Can you squeeze me in today?
（今日、予約を入れてくれませんか？）

◆ Can you fit me in today somehow?

（なんとか今日、予約を入れてくれませんか？）

なお、最後にsomehowをつけると、「どうか」というニュアンスになって強引ではなくなります。

値段の交渉をしたいとき

すすめられたものが高すぎて、値引きしてもらいたいとき、次のようなフレーズを使うと便利です。

◆ That's a little more than I was planning to spend.

（予算を少し上回っています）

◆ I'm afraid that that's more than my budget.

（残念ながら予算外です）

◆ I was hoping to spend less than that.

（それよりも少ない額で済むことを期待してたのですが）

◆ Oh, that's a bit much for me.

（それはちょっと私には高すぎます）

◆ Ah, that's too bad because the upper limit of what I can spend is $50.

（私が使える額は50ドルまでなので〈それより高くて〉とても残念です）

見せてもらった商品や試着した服をやっぱり買わないことにしたとき、あるいはまだ買う決断がつかない

とき、店員に向かって「買いません」とはっきり言うのは何だか気まずいですよね。そんなときには、次のようなフレーズを使って、間接的に買わないという意思を伝えます。

- Let me think about it.
（考えさせてください）
- I'd like to go back and discuss this with my spouse.
（家に帰って配偶者と相談してみます）
- I need a little time to consider such a big purchase.
（このような大きな買い物をするには、考える時間が少し必要です）

クレーム（complaint）のつけ方

　泣き寝入りはよくありませんが、クレームをつける際の言い方にも注意しなければなりません。何にどうしてクレームをつけているのかを丁寧に説明する必要があります。ちなみに日本語のクレームの語源であるclaimは、「苦情」という意味ではなく、「正当な権利の主張」という意味ですので注意が必要です。クレームにあたる英語はcomplaintです。

　具体的に、買った商品を取り替えてほしいときには、以下のような表現が使えます。

- ◆ It was broken when I took it out of the box.
  (箱から出した時点で、すでに壊れていました)
- ◆ It doesn't work properly.
  (正しく動きません)
- ◆ I changed my mind.
  (気が変わりました)
- ◆ I decided that I don't need it after all.
  (結局、不要だと判断しました)
- ◆ It wasn't the right size.
  (サイズが合いませんでした)
- ◆ I found something else I liked better at another store.
  (ほかの店でもっと気に入ったものを見つけました)
- ◆ I had second thoughts.
  (考え直しました)

なお、アメリカでは通常、買ったものや贈られた商品に問題がなくても、気に入らなかったり気が変わってしまったという理由で、返品または交換することができます。クリスマス直後にお店に行くと、カスタマー・サービスのカウンターに長い列ができているのはこのためです。

学歴を聞くには

　日本はかなり学歴が物を言う社会のようですが、アメリカでは出身大学で人を判断してはいけないという考え方が一般的です。ハーバードやスタンフォードなどの有名私立大学は学費も大変高いので、経済的な理由でそれらの大学を選ばない人もたくさんいます。また、大学の数が日本よりも多いアメリカでは、いわゆる優秀と評価されている大学も多く存在するので、限られた大学の卒業生だけが「エリート」というわけではありません。

　平等主義的な考え方をもつアメリカ人は、大学のランクよりは、在学中にどれほど真剣に勉強していたかのほうに重点を置きます。そのため、ハーバード大学の成績の悪い学生より、地方大学の成績の良い学生のほうが尊敬されます。

　こういった文化的背景があるので、出身大学を聞くよりも、何を勉強したかを聞くほうが適切です。

- ◆ What did you study in college?
  （大学で何を勉強しましたか？）
- ◆ What was your major in college?
  （大学での専攻は何でしたか？）

出身大学をどうしても聞きたい場合は、

- ◆ Where did you go to college?

のように直接たずねるよりも、間接的に、

- Did you go to a college near here (in this area)?

  (大学はこの近辺でしたか？)

と質問するほうが適切です。

出身地の聞き方

学歴を聞く場合と似ていますが、

- Where were you born?

  (どこで生まれましたか？)

- Where are you from?

  (どこ出身ですか？)

というようにたずねると、移民が多いアメリカでは、生まれや出身で差別しているのではないか、と受け取られる場合もあります。できれば、このような聞き方は避けるのが望ましいでしょう。もしどうしても知りたいのであれば、

- Are you from around here originally?

  (もともとこの周辺の出身ですか？)

- Do you speak any languages other than English?

  (英語以外に、ほかの言語を話せますか？)

のような間接的な表現を使えばいいでしょう。これなら、相手は具体的に答えたくない場合はYes.かNo.だけで返事ができます。

名前の由来を聞けるか?

　同じく、人の名前について質問するのも要注意です。例えば、多くの日本人は名刺交換する際、相手の名前についてたずねますが、これはアメリカでは不適切な場合があります。私の場合は、日本人と名刺交換するときに、「Koppという名前は、ドイツ系の名前ですか?」とよく聞かれます。

　そのときにいつも思うのは、「ドイツの名前かどうかは仕事に全然関係がないはずなのに、なぜそんなことを知りたいのか」ということです。アメリカ人は差別にとても敏感なので、名前から国籍、人種、民族などを推測されると、とても不快に感じてしまうことがあります。

　名前に関する質問は、実際に相手と仲良くなるまで待ちましょう。もちろん、打ち解けてから次のように聞く分には問題ありません。

◆ I'm curious about your name. What's the origin of it?
　(あなたの名前について興味があります。その由来はどのようなものですか?)

◆ That's a distinctive name. How did your parents choose it?
　(珍しい名前ですね。ご両親はどうやってそれを選んだのでしょうか?)

平等を重んじるアメリカ文化では、その人の背景（出身地、出身国、民族、人種など変えられないこと）に関する質問にとても敏感です。自分の背景によって判断されたり、偏見をもたれたりするのではないか、と危惧するからです。相手の背景よりも、その人の資格（自分で努力して得たこと）と仕事の結果に基づいて判断するべきです。

立食パーティの英語

　アメリカでは、ビジネスでもプライベートでも、着席よりも立食パーティが圧倒的に多いです。立ったまま飲食して、そのうえ会話を楽しむことは、日本の文化から考えると行儀が悪いと思う人もいるかもしれません。そのせいかどうか分かりませんが、立食パーティに招かれると、どのように振る舞うべきか、とまどってしまう日本人が多いようです。立食パーティでの出会いからビジネスや社交のネットワークが広がることも少なくないので、適切なマナーを覚えておくことはとても重要です。

　立食パーティの第一の原則は、いろいろな人と少しずつ会話を楽しむことです。同じ人とばかり隅に固まって話しているのはマナー違反です。日本人がパーティで苦手としていることの1つに、「誰かとしばらく話したあと、なかなか会話をうまく切り上げられな

い」ということがあります。相手に失礼がないように会話を切り上げるには、次の3つステップを使うとよいでしょう。

切り上げるときの3ステップ
1. **感謝する**——あなたと話せて楽しかった、というようにポジティヴなことを言う。
2. **切り上げる理由（口実）を言う**——飲み物のおかわりをする、食べ物を取りに行くなど、離れるための口実を述べる。これは、本当の理由でなくてもかまいません。
3. **今後も関係を続けたいとの意を伝える**——また会いたい、連絡を取り合いたいなど、今後も関係を保ちたいという意味の言葉を述べましょう。それが本心であれば、メールアドレスを聞いたり、予定を立てたり、具体的に言いましょう。もし、ただの社交辞令であれば曖昧に言って切り上げましょう。

それでは各ステップの具体例を見てみましょう。

1. 感謝する
- It was really great talking with you.
 （お話しできてとても楽しかったです）
- I'm so glad I got the chance to meet you.

(お会いできてとてもうれしいです)
- I've really enjoyed our conversation.
(とても楽しい会話でした)
- Thanks for taking the time to talk with me.
(私と話す時間をとってくださって、ありがとうございます)
- It was very interesting hearing about your company [your job experiences, your opinions about ...].
(御社[あるいは仕事の経験、……に関する意見など]について話が聞けて、とても興味深かったです)
- I learned a lot from talking with you.
(あなたと話ができて、とても勉強になりました)
- XX Company is lucky to have such a good person on their team.
(XX社はあなたのようなすばらしい人材がいて幸運です)

2. 切り上げる理由(口実)を言う

- I'm going to go get something to drink.
(飲み物を取りに行きます)
- I'm going to mingle a little bit more.
(ほかの人ともお話をしたいと思います)
- I don't want to monopolize your time.
(あなたの時間を独占したくありません)

- I'm sure that you want to talk to some of the other people here.
  (きっとほかの出席者とも会話をしたいだろうと察しますので)
- There are some other people here I'd like to catch up with also.
  (会話を交わしたい人がほかにもいます) [catch upは「久しぶりに会う人と近況を話す」という意味]
- I should probably keep circulating.
  (少し歩き回ったほうがよさそうです)

3. 今後も関係を続けたいとの意を伝える
- Let's keep in touch.
  (連絡を取り合いましょう)
- Let me know if you ever need any information about ....
  (……[自分の得意な分野など]について情報が必要なときは、いつでも連絡してください)
- Here's my card. Let's keep in touch.
  (これは私の名刺です。連絡を取り合いましょう)

アメリカでは、名刺交換を最初の挨拶の段階でするのではなく、会話の最後に今後も連絡を取り合いたい人とだけ名刺交換を行います。まだ相手のことを知らない最初の段階で名刺交換をしようとすると、あつかましい印象を与えることがあります。

実際に相手ともっと話したい場合は、このように言います。

- I'm interested to hear more about what you mentioned a few minutes ago. Shall we get together for lunch or coffee sometime to discuss it more?
（さっき話していたことについてもっとお話を伺いたいです。話の続きをするために、今度ランチかコーヒーでもご一緒しませんか？）
- I'd like to bring my colleague by to introduce to you. Would you have some time next week?
（私の同僚も一緒に紹介したいです。来週会える時間はありますか？）

なお、あなたの知人や友人を紹介してほしいと頼まれて、あまり乗り気でないときは、次のようにやんわり断ります。

- Let me check and see if he would be comfortable with that.
（彼に連絡して、紹介してもいいかどうか聞いてみます）
- He's really busy right now. Why don't we wait a while?
（彼は今、大変多忙です。もう少し待ちましょう）

ほとんどの場合はこのような対応で大丈夫です。よく知らない相手と会話をしても、すぐに意気投合して

話が盛り上がることはまれです。会話が途切れて話題を変えたいときは、次のように差し障りない質問をするとよいでしょう。相手がどんなことに興味をもっているのか分からなくても、このような話題なら会話が成り立つはずです。

◆ So, have you seen any good movies lately?
　（最近何かいい映画を見ましたか？）

パーティで知らない人、あるいは顔は知っているけれど名前が分からない相手と話したいとき、しかも紹介してくれそうな人が誰もいないときは、次のように進んで自己紹介をして会話を始めるとよいでしょう。日本では突然知らない人に自己紹介を始めるのは、強引な印象を与えてしまうかもしれませんが、アメリカではそんなことはありません。反対に、社交スキルのある印として肯定的に受け入れられます。

◆ Hi, my name is .... Do you come to these events frequently?
　（こんにちは。私の名前は……です。このようなイベントには頻繁に出席しますか？）

◆ What is your connection with the host [the sponsoring organization]?
　（主催者［開催組織］とはどのような関係があるのですか？）

◆ What's your interest in today's topic [theme]?
　（今日話されているトピック［テーマ］に関して

どんな興味をおもちですか？）

　知っている出席者がほかにいないのに、周囲はお互いみんな知っている様子。そんな雰囲気のとき、どうすれば会話に入り込むことができるのか分からず当惑してしまう人も多いでしょう。そういう場合は、勇気を出してこう言えばいいのです。

- Hi, I don't know anybody here, so I'm just randomly introducing myself to people!
（こんにちは。誰も知っている人がいないので、ランダムに自己紹介しています！）

　これは日本ではあまり考えられない切り出し方ですが、アメリカでは普通です。笑顔でこう言えば、ほとんどの人は温かく会話に入れてくれるでしょう。

　立食パーティではとにかく、できるだけたくさんの人と会話を交わす必要があります。恥ずかしがらず、何らかのきっかけを作って積極的に会話を始めましょう。大事なのはwallflower（壁の花。要するに会話をしないで突っ立っている人）にはならないことです。立食パーティの目的は、あくまで人と話すことなのですから。

お悔やみの表現と手紙

　最後に、誰かが亡くなりお悔やみを言わなければならないという、人生の中で避けては通れない出来事に

ついて考えてみます。

　英語でお悔やみの気持ちを表現するときにあまりに短すぎると、気持ちが十分に入っていないように聞こえてしまいます。また、「死ぬ」のような縁起の良くない表現を使うときは、直接的にdieという単語を使うよりも、pass away、pass on、passなどのより間接的な表現を使うのが礼儀です。

- ◆ Her father passed away yesterday.
  （彼女のお父さんは昨日亡くなりました）
- ◆ Her husband passed on last month.
  （彼女のご主人は先月亡くなりました）
- ◆ His sister passed last year.
  （彼の妹は去年亡くなりました）

ガンで亡くなった人の場合、次のような言い方があります。

- ◆ She lost her battle with cancer.
  （彼女はガンとの闘いに敗れました）

知人が亡くなったことを聞いたら、例えば次のように答えます。

- ◆ I'm so sorry to hear that. Had he been sick for a long time?
  （お悔やみ申し上げます。彼は長い間、闘病していたのですか？）

ちなみに、アメリカでは死亡の知らせをするときには死因も言うのが通例です。

ときには、公私にかかわらず、お悔やみの手紙を書かなければならないことがあります。これに関しては、日米の習慣に違いがあります。私（カップ）は最近、このような2つの経験をしました。

　1つは、日本に住んでいたときに一緒に働いていたアメリカ人女性が自ら命を絶ちました。そのことを伝えるメールを一緒に働いていた同僚に送りました。欧米人のみんなからは「それはとても悲しいことです。本当に残念ですね」など、同情のメールが返信されてきました。

　しかし、日本人は誰からも返事が来ませんでした。日本的に考えると、みんな驚きのあまり、何を言えばよいか分からなくて沈黙を選んだのかもしれませんが、アメリカ人から見ればそんなときに返事をしないのは非常に冷淡に感じます。

　もう1つ最近の例で、私の著作の担当編集者が急に亡くなりました。私は彼のご家族に手紙を書いて、彼の思い出と彼がいかにすばらしい人間だったかを伝えたくなりました。しかし、その亡くなった編集者と一緒に仕事をした日本人にそれを言うと、「何も送らず、そっとしておいてあげたほうがいいと思います」という意見でした。

　もちろん個人差のある話かもしれません。また、最近ではFacebookなどSNSの普及で、日本でも、もっと頻繁かつ容易にお悔やみの言葉が交わされるように

なってきているとは思います。しかし、日本と比べると、アメリカは、「言葉でコミュニケーションしなければならない文化」と「感情を表現する文化」が深く根付いた国であることは確かです。そして、アメリカ人にとって、お悔やみの手紙を出したり、相手を思いやるメッセージを送ったりすることはとても重要なのです。

さて、お悔やみの手紙に使える表現を紹介しましょう。heやhisのところに亡くなった方の名前を入れれば、十分なお悔やみの手紙になると思います。また、この表現に自分の言葉を交えて文章を綴ってもいいかもしれません。

◆ Please accept my sincere condolences on your loss.
（お悔やみを申し上げます）

◆ I was so shocked and saddened to hear about his sudden passing.
（急に亡くなられたことを聞いて、ショックでしたし、とても悲しかったです）

◆ My heart goes out to you in this difficult time.
（この大変なときに、みなさまのことを考えています）

◆ He was a wonderful person, and was always very kind to me.
（彼はとてもすばらしい方で、いつも私に対して

とても親切でした)
- ◆ He will be much missed by all of us.
 (彼はみんなに惜しまれることでしょう)
- ◆ May he rest in peace.
 (ご冥福をお祈りします)

あとがき

　ある世界的に有名な映画監督が、マンハッタンで行った記者会見に出席したときのことです。そこには世界中のメディアが参加しており、日本人の姿も何人か見えました。

　会見の後半だったでしょうか。ある日本人ジャーナリストが手を挙げて"Why the f...k did ya think of ...?"と監督に質問しました。彼は「何という品のない聞き方ですか。その下品な聞き方には答えることはできません。あなたは本当に日本人ですか」とあきれた口調で答えていました。私は同じ日本人として非常に恥ずかしい気持ちになりました。どうやらその日本人は映画が大好きらしく、英語を映画から覚えているようです。本書でも触れているように映画で使われる英語表現は極端であることが多く、日常の場面で使うと相手に失礼になりかねない言葉にあふれています。

　日本語でも、ビジネスシーンで、あるいは取材をしているときに、友達同士で使うようななれなれしい言い方、つまり「タメ口」を使う人はいません。英語の場合も同じです。端（はた）で聞いていると、大の大人がタメ口的な言い方で英語を話しているのは非常にみっともないのです。

　日本人が話す英語は、ともするとそのタメ口的な表

現であることが多いのですが、自分の英語が相手に失礼にあたることに気づいていないのでしょう。その意味では、本書が今まで使っていた表現が無礼で稚拙なものであったことに気づく良い契機になるかもしれません。

　巷には、「英語は3単語で通じる」とか、「1500単語覚えれば十分」とか、まるで大人でも、幼稚園か小学生低学年レベルの英語を使ってもいいかのように教える英語学習書があふれていますが、そのような英語を使う人は、ネイティヴ・スピーカーには決して尊敬されません。それは日本語でも同じなのではないでしょうか。

　もしあなたが日本語で、「おまえの好きな食べ物は何？」とあまり親しくない人から聞かれたらどう反応しますか？　たとえ親しい間柄でも、大人同士ではそういう言い方はあまりしないでしょう。また、日本語ネイティヴではない外国人からだったとしても、やはりビックリするでしょう。

　私は実際、日本にいるアメリカ人が隣の日本人に向かって「おまえの名前は何？」と聞いているのを耳にしたことがありますが、名前を聞かれた日本人はビックリして、「何と失礼な言い方をする人だろう」と呆気にとられていました。あとからそのアメリカ人にたずねると、「おまえ」と「あなた」の区別を勘違いして覚えていたということです。しかも「何？」という

聞き方があまりにもぶっきらぼうで、失礼であることも知らなかったのです。

　言葉は意味が通じればいい、というものではありません。日本人にとって英語は外国語だから、少しは大目に見てもらえると思わないほうがいいでしょう。ご存知の通り、国際語である英語は、世界で数十億の人々によって話され、その話し手は、相手の英語に対して容赦はしないと思ったほうがいいのです。例えば私が、もし品のない言い方で取材を申し込めば、即、断られるでしょう。取り返しはつきません。アポなし取材で突然ドアをノックする場合もありますが、そんなときも、できるだけ低姿勢で丁寧な表現を使わないと門前払いを喰らいます。

　日本語から丁寧語、尊敬語、謙譲語などの敬語表現がなくなったらどうでしょう？「おまえの名前は何？」という聞き方でもいい、ということになってしまいます。分かりやすく丁寧な表現は、人間関係をスムーズにします。丁寧かつきちんとした表現で何かを頼まれて、協力を拒む人が果たしてどのくらいいるでしょうか？　今流行の、中学校卒業程度の1500語レベルの英語でいいとするグロービッシュは、短い表現でいい、内容が通じればいい、というのが特徴ですが、その多くの表現が、正しい文法を無視したぶっきらぼうなものです。グロービッシュでは、

◆ Could you tell me where the bathroom is?

（トイレはどこですか？）
という表現なんて使わなくてもいい、
　　◆ Bathroom?
　　（トイレは？）
という表現で十分だ、とすすめたりしますが、グロービッシュで話しかけられたネイティヴが、「この人はなんて無礼な人なんだろう！」と思うことがあっても当然でしょう。「おまえの名前は何？」と日本人が聞かれたときの気持ちと同じです。

　私は品のいいアメリカ人の家庭にホームステイしたことが何回かありますが、夫婦間の会話でも非常に丁寧でした。その丁寧さに驚いて、2人に理由を聞いたことがあります。彼らの答えは、「お互いを人間として尊敬しているから」ということでした。私がいるから意図的に丁寧に振る舞っているのかと思っていたら、普段からそれが普通であると言われたのです。

　英語は単純だから国際語になっていると勘違いしている日本人がいますが、それは間違いです。単純だったからではなく、イギリス、ひいてはアメリカの経済力、軍事力などの国力が高かったから、というのが大きな理由と言われています。実際、英語は非常に複雑で、外国語として本格的に学習する場合、最も難解な言語のひとつであると言われています。この事実を前にして気後れするようでしたら、それは私の本意ではありません。他の言語と比較して、英語がストレート

で単純な言葉だと考えている人がいたら、英語に対する心構えを変えてほしいと思うのです。

　今まで丁寧であると思っていた表現がネイティヴにはどのように聞こえるのか、また、今話している英語を少し品がある表現に変えるにはどうしたらいいのか。決して難しい表現を使わずに、「心構えひとつ」でそれができる方法を本書は示しています。

　さらに言葉の微妙なニュアンスを知らなければ、正確に相手に意図するところを伝えることができないのは当然ですが、そのニュアンスを身につけるにはどうしたらいいのか、日本語的思考から脱出するにはどうしたらいいのか、具体的なアドバイスも示しています。

　言葉と人間関係は切っても切り離せない関係にあります。教養ある人間としてネイティヴと上手に関わっていくには、言葉は非常に重要です。本書が英語に関する誤解を解き、あなたの英語にさらに磨きをかける契機となることを心から望んでいます。

　最後に私とロッシェルが数年間練った原稿を丁寧に読み、細かいアドバイスをくださった集英社インターナショナルの佐藤信夫氏に心からお礼を申し上げます。

2017年7月　大野和基

ロッシェル・カップ Rochelle Kopp
経営コンサルタント。1964年、米ニューヨーク州生まれ。イェール大学歴史学部卒業。シカゴ大学経営大学院修了(MBA)。安田信託銀行東京本社などに勤務後、グローバル人材育成を支援するジャパン・インターカルチュラル・コンサルティング社を設立し、社長を務める。『反省しないアメリカ人をあつかう方法34』(アルク)、『製造現場の英語表現』(ジャパンタイムズ)、『日本企業がシリコンバレーのスピードを身につける方法』(共著／クロスメディアパブリッシング)など多数の著書がある。朝日新聞GLOBEで連載も行う。

大野和基 おおの かずもと
国際ジャーナリスト。1955年、兵庫県生まれ。東京外国語大学英米語学科卒業。コーネル大学で化学、ニューヨーク医科大学で基礎医学を学ぶ。医療問題から経済まで幅広い分野に関して世界中で取材を行う。『代理出産――生殖ビジネスと命の尊厳』(集英社新書)、『マイケル・ジャクソン死の真相』(双葉社)などの著書、『そして日本経済が世界の希望になる』(ポール・クルーグマン／PHP新書)などの訳書がある。

英語の品格

2017年8月12日　第1刷発行　　インターナショナル新書012

著　者	ロッシェル・カップ／大野和基
発行者	椛島良介
発行所	株式会社 集英社インターナショナル 〒101-0064 東京都千代田区猿楽町1-5-18 電話 03-5211-2630
発売所	株式会社 集英社 〒101-8050 東京都千代田区一ツ橋2-5-10 電話 03-3230-6080 (読者係) 　　 03-3230-6393 (販売部)書店専用
装　幀	アルビレオ
印刷所	大日本印刷株式会社
製本所	大日本印刷株式会社

©2017 Rochelle Kopp, Ohno Kazumoto　　Printed in Japan
ISBN978-4-7976-8012-6　C0282
定価はカバーに表示してあります。
造本には十分に注意しておりますが、乱丁・落丁(本のページ順序の間違いや抜け落ち)の場合はお取り替えいたします。購入された書店名を明記して集英社読者係宛にお送りください。送料は小社負担でお取り替えいたします。ただし、古書店で購入したものについてはお取り替えできません。本書の内容の一部または全部を無断で複写・複製することは法律で認められた場合を除き、著作権の侵害となります。また、業者など、読者本人以外による本書のデジタル化は、いかなる場合でも一切認められませんのでご注意ください。

インターナショナル新書

008 **女の機嫌の直し方** 黒川伊保子

AI開発でわかった脳の性差。優秀な男性脳ほど女性を怒らせる?! 男女のすれ違いや、女の機嫌の謎がいとも簡単に解き明かされる福音の書!

009 **役に立たない読書** 林望

源氏物語から大藪春彦まで、読書は好奇心の赴くままにすべし! 古書店との付きあい方や古典の楽しみ方、書棚の作り方なども披露した著者初の読書論。

010 **国民のしつけ方** 斎藤貴男

政権による圧力と、メディア側の過剰な自主規制。その有り様はまるで国民をしつけるために巧妙に仕組まれているかのよう。真実を知るために何をすべきか。

011 **流れをつかむ技術** 桜井章一

勝負の世界だけでなく、仕事や生き方にも流れは重要。麻雀の裏プロの世界で20年間無敗の伝説を持つ桜井章一が、「流れのつかみ方」の奥義を伝授。

013 **都市と野生の思考** 鷲田清一／山極寿一

哲学者とゴリラ学者の知の饗宴! 京都市立芸大学長、京大総長でもある旧知のふたりがリーダーシップから老いまで、今日的テーマを熱く論じる。